知れば知るほど好きになる!

世界一たのしい観葉植物教室 2

くわしすぎる園芸店員
くりと

はじめに

こんにちは、くりとです！

僕は、観葉植物、多肉植物、塊根植物など、250種類以上の植物たちと暮らしながら、そのお世話の仕方などをインスタグラムを通じて発信しています。

前著『世界一たのしい観葉植物教室』には、みなさんに植物好きになってもらうため、僕の経験や学んだことをめいっぱい詰め込みました。

2冊目となるこの本は、さらにパワーアップ！　人気の植物たちともっと仲良くなるための「トリセツ」や、みなさんから寄せられることの多い質問、コツがわからなくて悩む方も少なくない「植え替え」や「剪定」といったメンテナンスのことを中心にお話ししています。

最近は、SNSやWebサイトにも園芸情報が溢れていますが、実際には互いに内容が食い違っていることも多いんです。

例えば、人気植物のソフォラに関して、「寒さに弱い」と書いているサイトもあれば、「寒さに強い」としているサイトもあり、情報がバラバラで読む人が混乱することがあります。

また、レアな植物やマイナーな種類ほど情報が少ない傾向にあり、初心者にとっ

ては余計に迷いやすい状況です。


だからこそ僕は、「こうしたら成功した」という自分の体験談と、一般論を組み合わせて、できるだけわかりやすく情報を伝えることを意識しています。

そうした情報発信の過程で生まれたのが、この『世界一たのしい観葉植物教室』シリーズです。

この本には、観葉植物と暮らすなかで、植物たちがよろこぶ接し方やコツがぎっしり詰まっているはずです。

とくに、この書籍に掲載されている植物の写真は、すべて僕が育てた植物を、僕自身が撮影したもの。

今までのインスタグラム投稿にも登場してきた植物たちですが、なかには調子を崩している子もいます。

生育の良し悪しを含め、ありのままの姿を見せているため、非常にリアルな園芸書に仕上がったと自負しています!


僕が観葉植物を育て始めたばかりの方に知っていただきたいことのひとつが、「どんなに気をつけても、枯れるときは枯れる」ということです。

植物を育てたいと思う方のなかには、枯らしてしまうことを悲しいと感じる方もいるかもしれません。

でも僕は、失敗を恐れる前に、まずは植物を育ててみてほしい、育てることにトライしてほしいと思うんです。

なぜなら、この世界にはみなさんの想像を超えるような、まるでジャングルみたいな部屋で暮らす植物好きがたくさんいて、それぞれが数多くの失敗を重ね、試行錯誤しながら、「植物のある生活」をたのしんでいるからです。

もちろん、僕もそのなかの1人だと思っています。


みなさんがこの本を読み終わったとき、この本が「想像を超える植物好き」になるための第1歩となっていることを、心から願っています。

くりと

目次

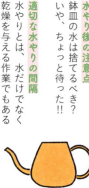

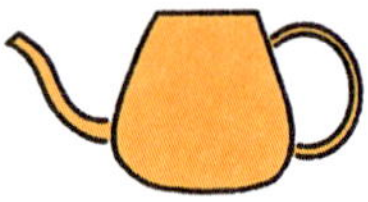

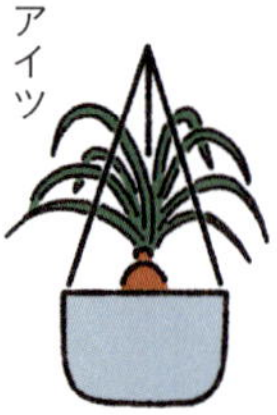

CHAPTER3 植物が元気になる！ お手入れのコツ

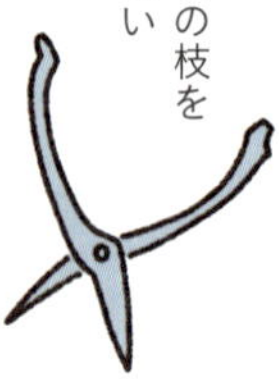

CHAPTER4 コレやってみて！ お悩み解決法

※本書に掲載されている情報は2025年1月現在の情報です。また、掲載されている商品は、現在は仕様を変更している、またはお取り扱いしていない場合があります。

STAFF

デザイン　mocha design
撮影　くりと
イラスト　かわべしおん
DTP　NOAH
校正　文字工房燦光
編集　高梨奈々、石坂綾乃（KADOKAWA）

CHAPTER 1

もっと知りたい！基本の管理

水やりのコツ①
タイミング

植物からめちゃ好かれる水やり方法・その1

水やりのベストタイミングを知る

「水のやりすぎは根腐れの元！」「水やりは土がしっかり乾いてから！」——これらは最近の園芸本などによく書かれている、水やりのポイントです。でも実際は、**植物の特性をよく知らずに土を乾かしてしまうと、成長が止まったり、葉を傷めたりと、トラブルに直結**します。

そうしたトラブルを避けるためには、植物ごとに水やりのタイミングを変えていく必要があるんです。「植物ごと」といっても1種類ごとに変えなくてOK。**植物は、大きく分けて3つのグループに分類**することができるからです。

1つ目は、**葉が薄く、「複葉」＊という特徴をもつ「爆速吸水グループ」**です。ここにはエバーフレッシュ、アジアンタムなどが入ります。このグループは非常に水の吸い上げが早く、水のやり忘れは一撃必殺の致命傷になりかねません。**土の表面が乾く様子があればすぐ水やり**をした方が無難です。

2つ目は**「肉厚葉っぱグループ」**です。ここにはフィカス・ベンガレンシスやモンステラなどが入ります。このグループは、水切れなどの**乾燥に耐性をもっているので、夏場でも枯れ込むことが少ない**です。

3つ目は**「サボテン&着生植物グループ」**です。このグループの植物は特殊な光合成を行うので、**過酷な乾燥にも耐えうる能力**を秘めています。

特殊能力？「CAM型光合成」

CAM型光合成とは、サボテンなどに多く備わっている機能です。夜間に気孔を開いて二酸化炭素を取り込み、昼間は気孔を閉じて蓄えた二酸化炭素で光合成を行います。いわば砂漠など、乾燥地帯仕様の光合成です！

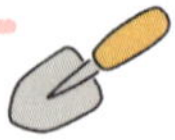

＊複葉…複数の小さいパーツに完全に分かれている葉。

1. 爆速吸水グループ

夏は、前回の水やりから24〜36時間もしたら水やりを。冬場は週1回程度が良いイメージ。

アジアンタム

エバーフレッシュ

2. 肉厚葉っぱグループ

室内なら夏場は2〜4日に1回程度の水やりでも問題なし。大型の植物は1週間ほど間をあけても大きなダメージにはなりません。

上／フィカス・ベンガレンシス　下／モンステラ

3. サボテン&着生植物グループ

ユーフォルビア
‘ホワイトゴースト’

実はサボテンの多くは夏が苦手だったりします。普段の水やりは月1回でもOK。ただし、系統ごとに「春夏型」「冬型」と生育期が異なるので、確認しながら水やりを増やしていきましょう。

いろいろな葉っぱたち

一律に植物への水やりを制限するのはNGです。葉っぱの形態から水やり頻度をイメージしてみてください。

水やりのコツ②
水の量と水温

植物からめちゃ好かれる水やり方法・その2
水の量は多め？少なめ？水温は？

植物ごとに水を求める頻度は異なるとして、では水の量や水温はどうすればいいのでしょうか。葉に水を吹きかける葉水は、絶対に必要なのでしょうか。気になりますよね。

まず、**1回に与える水の量は、シャワーなどを使って、土が全体的に濡れるくらいの分量**が理想です。注意したいのは「全体に均等に」ということ。根っこは水分を求めて水のある方向に伸びていくので、**偏った水やりでは根が健全に成長しません**。

土全体を湿らすように意識しても、うまく水やりができない方は、一度**「ボトムウォータリング（底面給水）」**という方法で給水してみてください。やり方は簡単で、**大きめの容器に水を張り、そこに植木鉢ごとドボンと沈めればいい**んです。だいたい30分もすれば土全体に水がしっかり含まれるので、その後は植物がよく水を吸うようになります。とくに、有機質の土にはピートモス＊が使用されていることが多く、ピートモスは乾燥すると水を弾く性質があるので、この方法が有効です。深めの鉢皿でもいけます！

続いて水温についてですが、**真冬の朝の水道水だけは避ける**ようにしてください。おすすめは、事前に水を汲み置きして室温に戻しておくことです。

葉水については、水やりのとき以外でも、**霧吹きなどで葉にたっぷり水をかけてあげると、ハダニ予防に役に立ちます**。

葉水が肥料にもなる？

葉水をするとき、水に液体肥料や活力剤を混ぜておくと植物の成長に良い効果があります。ただし、それだけでは量が十分とは言えないので、根をもつ植物には土にもしっかり肥料を与えてあげてください。

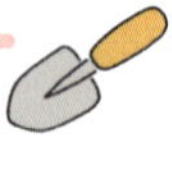

＊ピートモス…苔などの植物が堆積した泥炭を乾燥させた改良用土。

ボトムウォータリング（底面給水）の方法

1

容器に水を溜める

鉢よりひと回り大きいバケツやボウル、深めの鉢皿などでOK。これに水を張ります。

2

鉢ごと水に沈める

土が水に触れていることをよく確認してください。

3

30分ほどそのまま待つ

30分以上入れていてもOKですが、半日くらいで取り出してあげて。

4

鉢を取り出す

水から鉢を取り出して水気を切り、その後はよく空気が通るように、鉢裏を乾かしましょう。

水やりのコツ③
水の与え方

水やりは何回かに分けて細口じょうろでお願いします！

植物に水をあげるとき、たいていの方がじょうろを使っていると思います。実は、このじょうろの使い方にも気をつけなければいけない点があるんです。それは水の勢いです。

注ぎ口が広いじょうろほど大量の水が出てくるわけですが、**一度に大量の水を鉢に注ぐと、土に水が染み込まず**、抵抗の少ない方へと押し出されるように、水が鉢から流れ出てしまうんです。つまり、**水をあげたにもかかわらず、鉢の中には水分が届いていない部分がある**、ということになります。この現象はとくに有機質の土で起こりやすいので、注意が必要です。

では、どのようにすれば土にしっかり水分を含ませてあげられるのかというと、**細口のじょうろで、複数回に分けて水を注ぐ方法がおすすめ**です。**最初は株元に注ぎ、円を描くように外側に向けて土の表面に水をかけて**いきます。そうしたらここで**1回、水が土に染み込むのを待ちましょう**。この工程を繰り返すことで、すべての根が水に困らないよう土を潤わせることができるんです。

いくら土が乾くタイミングをきちんと把握できたとしても、水やり方法が間違っていれば、植物は徐々に弱っていくことがあります。どうしても**水やりが苦手な方は、透明な鉢に植物を植えてみる**のも1つの手です。水の浸透具合がよくわかりますよ！

透明な鉢にもこんな「困った」が

おしゃれな透明鉢は、根っこも見えてかわいいのですが、鉢の内側に苔が生えてくることがあります。ちょっと見栄えが悪くなるので、気をつけましょう。普段は鉢カバーをして暗くしておくと苔を予防できます。

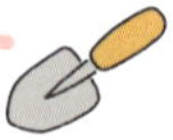

透明な鉢も面白い

鉢が透明だとこんなふうに根っこを眺めながら育てることができます。

細口じょうろとはコレのこと

細口かつ1ℓの容量のものを選んでください。肥料の多くは水1ℓに対してキャップ1杯などの分量で希釈するため、肥料を与える際にも計算しやすいです。これは僕の愛用するリッチェルのじょうろ。

お風呂場で水やりできるなら最高！

葉っぱにも土にも大量に水をかけることで生育が良くなり、葉につく虫も撃退できます！

乾燥して水を弾いている土

とくにピートモスは水を弾きやすいので要注意です。

水やり後の注意点

鉢皿の水は捨てるべき？いや、ちょっと待った!!

水やりの注意点について本やネットなどで調べると、よく言われているのが「鉢皿の水は捨てましょう」ということ。でもこれ、すべての植物をひとくくりにして「捨てよう！」とするのは、少しもったいないんです。

例えば、夏場になるとどうしても水切れを起こしやすいシダ植物。**朝いつも通りに水をあげた後、鉢皿に1cm程度水を溜めたままにしておく**と、夕方にはすべて吸い切っていることがあります。とくに、**アジアンタムやリュウビンタイなどの、蒸散＊が活発で水切れを起こしやすい子たちは、この方法で枯れ込みを防ぐことができる**んです。

ただし、朝に水をあげて、**夕方になっても水が残っている場合は、吸い切れていない可能性が高い**です。そんなときは**水を捨てて**あげるようにしてください。心がけてほしいのは「溜めるならキレイな水を！」です。何日も鉢皿内に放置され、汚れた水は、植物だって嫌いなので気をつけましょう。

また、**鉢皿から水を吸うことができるのは、鉢の底に鉢底石などが入っていない、つまり鉢の底まで土で満たされている株のみ**になります。鉢内の土が鉢皿の水面に触れていなければ、水はいつまで経っても植物に吸収されることはなく、汚れた水が鉢皿に残されたままになります。ぜひ鉢皿を上手に使って植物のお世話をしてみてください！

鉢皿に水を溜めていると虫がわく？

正直なところ、僕はこれを経験したことはないです。やはり虫は土から出てくるか、葉っぱについているかになるので、鉢皿付近でうじゃうじゃ動いてるところは見たことはありません。

＊蒸散…植物の体内の水分を水蒸気として外に発散すること。主に葉裏で起こる。

そもそも鉢皿が浅すぎると、油断したらすぐ水が溢れてしまう！

このくらい深さがあると、たっぷり水やりしても水がこぼれる心配がありません。

100円ショップにもこんなに優秀な鉢皿があります。

浅すぎてすぐ水が溢れるので、こういう鉢＆鉢皿を使う場合は、キッチンやお風呂場で水やりする方が安全です。

適切な
水やりの間隔

水やりとは、水だけでなく乾燥を与える作業でもある

ご存じの通り、植物たちの根っこというのは、水が大好きなんですよね。「そんなに好きなら毎日水を…」とたくさん与えたくなるものですが、甘やかしてはいけません。**根っこの周囲にいつも豊富に水があると、植物は強く育ってはくれない**んです。

想像してみてください。自分が手を伸ばせば届く範囲に、レストランにあるようなドリンクバーが設置されている環境を。そんな環境で、「いや、別の店にはまだまだおいしいドリンクがあるかもしれない！」と、席を立って外に出かけることができるでしょうか？　おそらく僕はできないでしょう。植物も同様で、植物たちはみんな「今、水が吸えているんだから、それでいいや」という考えをもっているんです。

そんな**植物たちに強く育ってもらうためには、「乾燥」を与えなければなりません**。植物の**根っこは、土壌の水分が規定値よりも低くなったときに、水を探してグイグイ伸びる**ものです。だからこそ乾燥が必要なんです。

ここで気をつけたいのは、乾燥が必要とは言っても、**土がカラッカラに乾くまで放置してはいけない**、ということです。乾燥状態がずっと続けば、それはそれで植物にさまざまな不調が出てしまうので、乾かしすぎない乾燥をマスターしてください。

1年でできる水やり回数とは…

通常、1年間の水やりチャンスは週1で52回です。もし植物を早く成長させたいなら、光の量、風通し、肥料、温度を適正にしましょう。すると水やり頻度が多くなり、植物は早く成長することになります。

土の乾燥具合を知る方法

重さで判断する

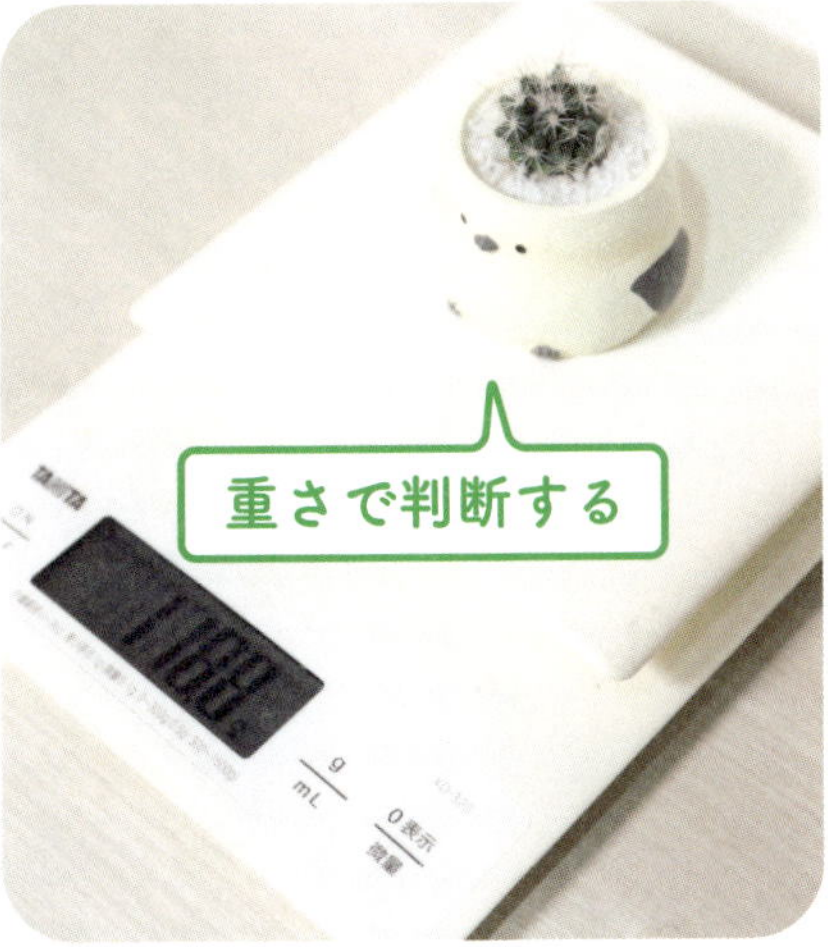

乾いているときの鉢の重さをはかりで量り、重さの差で判断することも有効です！

水分計サスティーを使う

植物の水やりのタイミングを色で教えてくれる水分計「サスティー」。有機質の土に挿した場合は、半年ほどで水をあげても色が変わらなくなるので、リフィル交換が必要です。

底面給水鉢はどうなの？

鉢の底から植物に水を供給する仕組みがある植木鉢「底面吸水鉢」。乾燥に弱い根っこの株が対象になりますが、水切れが起きにくいため、選択肢としては十分にアリです。

土の表面の乾き具合を見る

乾き具合がわかりにくい土もあるので、その場合は赤玉土などを表面に撒くのもいいでしょう。左側が濡れた赤玉土で、右側が乾いた赤玉土。乾燥具合がよくわかりますね。

植物にとっての光の重要性

意味を知れば知るほど植物には光が大切だとわかる話

植物にとって光がどれほど大切なものかというと、僕ら人間で言うところの「収入」と同じレベルです。つまり、植物にとっては、**「光＝お金」**なんです。

一般的に、人間界では収入を「生活費」と「余剰資金」に切り分けていますよね。ですから、収入と生活費が等しいときは、余剰資金はゼロになります。植物たちも、**太陽の光を「生命維持分」と「成長分」の2つに分けて管理**しています。**太陽の光が少なければ、生命維持分だけしかまかなえず、自分の体の成長に充てることができない**んです。暗いところにいる植物たちがひょろひょろで葉も少なく、元気がないのはこれが理由です。反対に、屋外の日当たりのいいところにいる植物たちは、成長分の光が豊富なため、葉も肉厚で茎もしっかり太くなっています。

さらに、植物界には**年に2回、栄養の生産量が激減してしまう**タイミングがあるんです。それが**真夏と真冬**です。**光合成が最も効率良く行われる温度は25℃付近で、それより高温だったり、10℃以下の低温になったりすれば、光合成の効率は下がります**。加えて**冬場は日照時間の低下も重なる**ので、光合成の効率がガクッと落ちてしまうんです。

想像してみてください。ある日突然、収入が激減してしまった自分の姿を!! だから、植物にはしっかり光を当ててあげてくださいね。

光は植物の薬にもなる？

植物が弱ってしまうのは、案外、日照不足が原因のことが多いものです。十分に光を当ててあげれば、また新芽が出てきます。弱った株は肥料で治すことはできませんが、光なら可能性があります。

低日照が引き起こす4大問題

茎と葉が細く小さくなります。サボテンなんかとくにそう。

弱った株はやはり虫にも狙われやすかったりします。

早く光を浴びたいので、茎が細いままひょろひょろと伸びるようになります。

低日照だと生育が遅くなるので土の乾きにも影響があり、カビの発生などに繋がります。

植物に
必要な明るさ

植物がほしがっている明るさは人間の感覚とは違う

植物たちと暮らしていくためには、彼らが求めている明るさとは何かを知っておくことが重要です。

たいていの場合、**人間が明るいと感じる空間は、植物にとっては少々物足りなかったりします**。なので、植物を育てる上では、**「明るい空間に置く」のではなく、「植物に光を浴びさせてあげる」という意識をもつ**ことが、とても大切になるんです。

植物がしっかり光を浴びられる環境にいるかどうかを確認するのは簡単で、家具などに遮られることなく、**「植物の葉と太陽との間に直線を引くことができる」のであれば、植物の置き場所として最適**です。その上で、**光が好きな植物は6時間以上**しっかり光を浴びさせてあげてください。**光が少ない場所で生育できる植物であっても、せめて午前中**は光を浴びられるようにしてあげましょう。

ここで勘違いされやすいのが、園芸書などにある「暗いところが好きな植物」という記述です。その代表例がモンステラ。よく「太陽が苦手で暗いところが好き」のように紹介されることがありますが、モンステラは暗いところが好きなのではなく、暗所でも調子を崩さず成長できるポテンシャルがある、というだけです。**植物たちを光不足で困らせないように、できるだけ置き場所を工夫してあげる**。それが、僕たち人間にできる、植物への最大の愛の表現なんです。

日光浴は葉焼けが心配？

植物を光に当てたいけど葉焼けが心配、という方は多いと思います。暗いところに長くいた植物ほど葉焼けリスクは高いですが、たいていの子は次に出す葉を強化して「葉焼けしない葉」を展開することができます。

節の間隔が乱れず、茎も葉も美しく展開しています。

外に出しているので節の間がめちゃめちゃ引き締まり、葉が大きく育っています。

直射日光を浴びてゴキゲンな観葉植物たちの様子

葉がしなやかで先端まできれい。ただ、真夏の昼間に直射日光を浴びると、葉を閉じることが多いです。

葉が力強く凛々しい感じで、水を蓄えるための気根などがわんさか出てきました。

植物の置き場所

どこに置くべきか、もう迷わない！植物の配置は部屋の明るさに合わせて

このイラストは、一般的な家の間取りをイメージしたものです。**部屋の窓の位置と太陽の動きをしっかりと把握して、植物ごとにぴったりの場所に置いて**あげましょう。きっと美しく、かっこ良く育ちます。

とくに、南側に向いた窓付近は特等席になります。ここは家の中で最も植物がよろこぶ、**日照時間が長いエリアです。樹木系の植物を置いて**あげてください。特等席の向かい側、キッチンに面したエリアは、光による模様の変化が少ない植物がおすすめです。

部屋の中は小さな地球です。どんな光が何時間当たるのかを考えて植物を配置してあげると、みんな元気に育ちます！

③ 窓ピタづけならなんとか育つ薄暗エリア

主にシダ系の子たちで飾ってみてください。ネフロレピスやダバリア'ラビットフット'などがおすすめです。

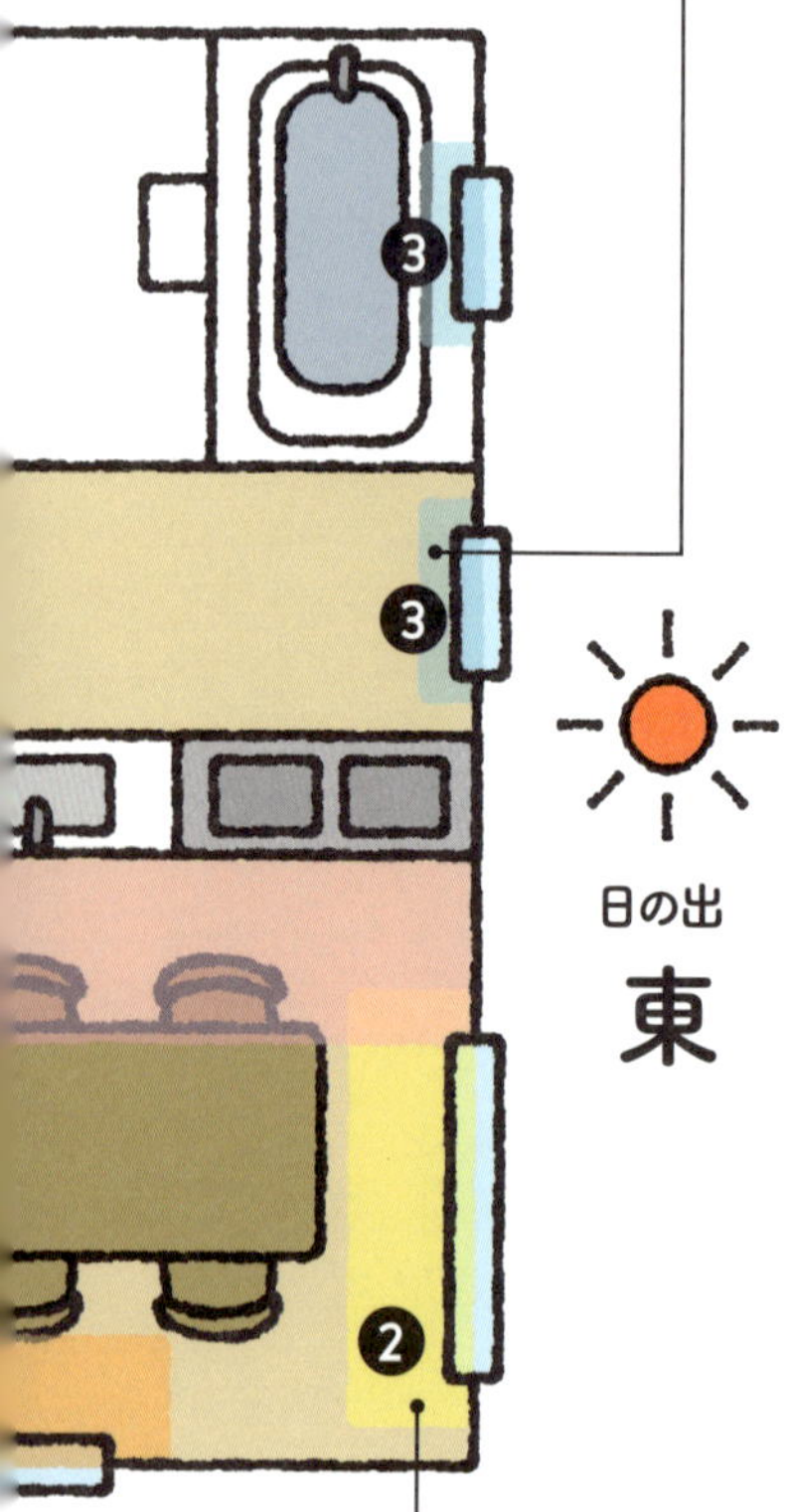

② 朝から昼までなら光が届く半日陰エリア

モンステラ、ポトス、パキラなど、日陰に耐えつつ樹形も乱れにくい子たちを。ただし、隣家の位置によっては、この子たちには暗すぎる場合もあるのでご注意ください。

このエリアはどんな植物に向く？

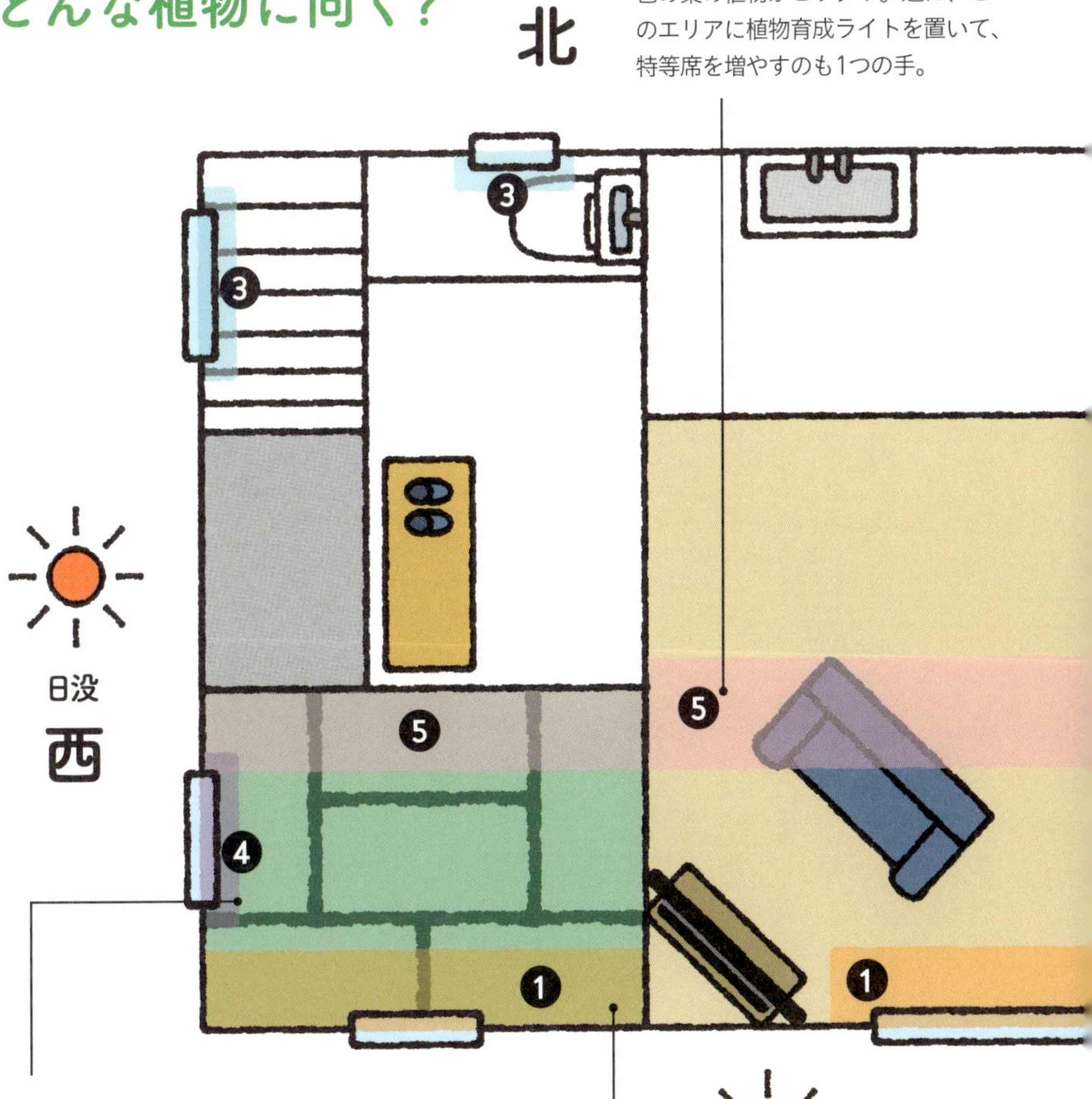

5 やわらかすぎる反射光エリア

光による模様の変化が少ない植物に向く場所です。カラテアとか、緑一色の葉の植物がピッタリ。逆に、このエリアに植物育成ライトを置いて、特等席を増やすのも1つの手。

4 昼からが本番の激アツ西日エリア

西側の部屋は強い西日が入ります。葉焼けに耐性のない子は注意してください。また、とくに夏場は部屋が暑くなりやすいので、管理が少々難しいです。サンセベリアを含むドラセナやユッカなどは相性が良いです。お迎えしたばかりのアジアンタムとかは置かないように。

1 植物が最もきれいに育つ、強光の特等席エリア

エバーフレッシュ、フィカス・ベンガレンシス、ストレリチア、フィカス・ベンジャミンなど、強い光で育てたい子たちを中心に配置！

植物育成LEDライトの必要性

植物のお迎えをあきらめないで人工の光でも光合成はできます

日当たりが悪いからと、植物をお迎えすることをあきらめてしまっている方をちょくちょく見かけます。そんな方にぜひ知ってほしいのが、**植物は太陽光がなくても、人工の照明があれば光合成ができる**、ということです。

植物の光合成について知識を深めようとすると、光の波長の話に触れることになります。というのも、植物たちは、太陽光のなかから、特定の範囲の波長をもつ光を主に吸収して、光合成をすることがわかっているからです。なかでもとくに重要なのが、赤色光と青色光で、どちらも光合成に深く関わり、植物の成長を支えてくれているんです。

では、一般家庭についている室内照明にも赤色光&青色光が含まれ、植物はきちんと育つのでしょうか。その答えは、前者はYESで、後者はNOです。**家庭用の照明は、より広範囲を照らすために光に広がりをもたせているので、実際に植物に届く光はごくわずか**だったりします。照明をつけていた方が光合成が進むのは事実なのですが、植物に十分な量の光を与えることはできません。

そこで注目を集めているのが、**「植物育成LEDライト」**です。このライト、見た目は普通の電球と同じような感じなのですが、そこから照射される**光の波長や光量は、太陽光に近い配合に設計されている**ので、室内でもしっかり健康な株に育てることができます。

植物育成LEDライトはすごい！

スポットライトのように植物に向けてライトをつけることで、非常に質の良い光を植物に浴びせてあげることができる、画期的な園芸アイテムです。ぜひ導入してみてください。

植物育成LEDライトの種類

バーライト型

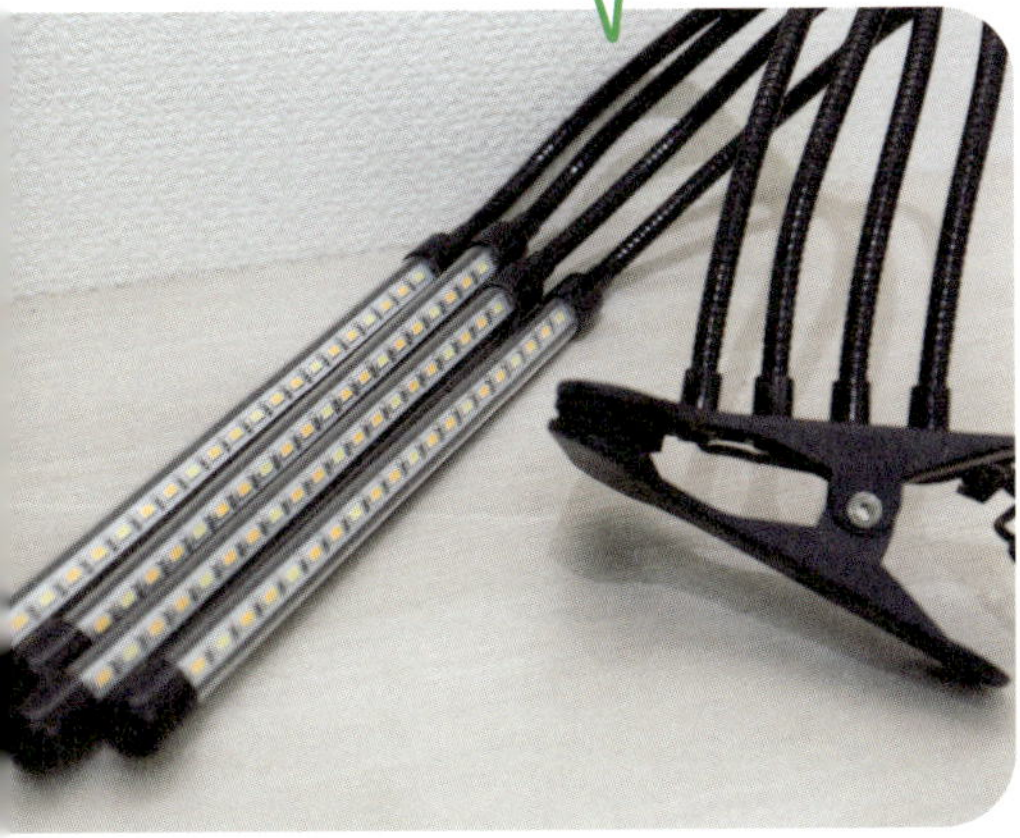

コンセントに挿すだけで使えるものが多いです。ただし、照射距離を離しすぎると光量不足になりやすいので、インテリア性は損なわれるかも。

照度計とPPFDメーター

PPFDメーターとは、植物の光合成に必要な光量を測定する機器。これとか照度計があると、植物がどんな光を浴びているのかがわかります。

電球型

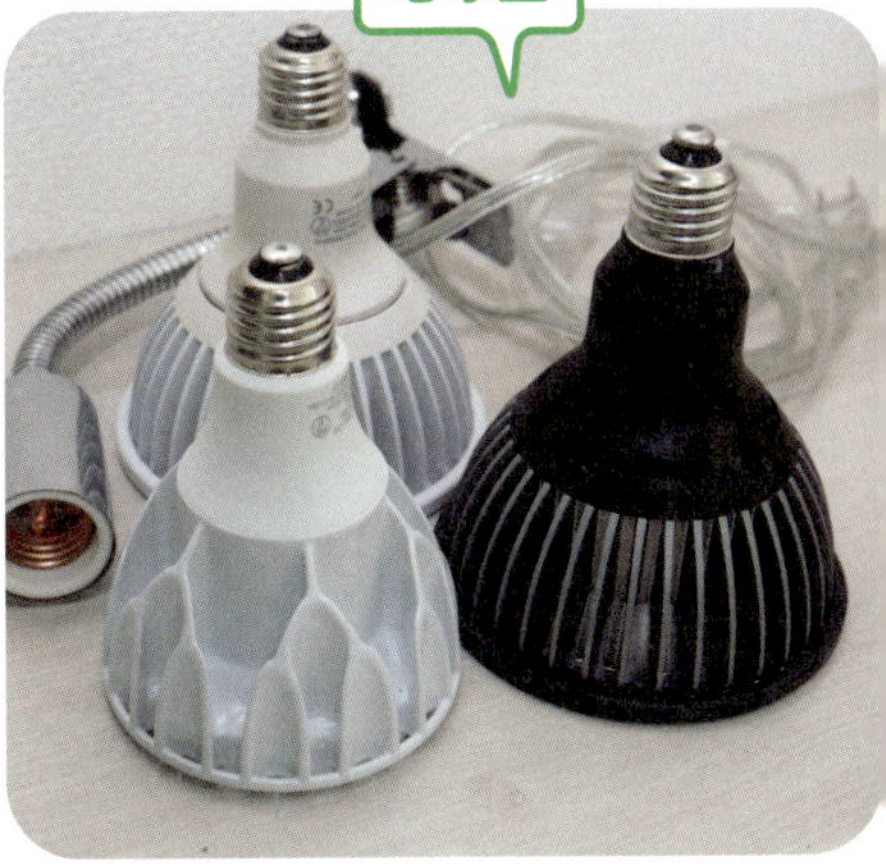

価格帯はさまざまで、3,000〜4,000円クラスでも満足できるレベルです。別売りのランプソケットが必要になります。

パネル型

広範囲に強めの光を当てることができます。子株（親株から分かれてできた株）や実生株（種から育てた株）にはこれがおすすめ。

肥料と活力剤の違い

これだけは覚えてほしい活力剤は肥料の代わりじゃない！

植物に栄養を与える肥料や、植物を元気にする活力剤は、たくさんの種類があります。そのせいで、使用方法を間違えている方も大勢います。肥料と活力剤を正しく理解することで、植物の育成もグッと楽になるので、2つだけでいいから使い方のコツを覚えておいてください。

1つ目は、**肥料はいつでも与えていいわけではない**ということです。植物にはそれぞれ生育期があります。苦手な季節には、じっと眠るようにして育つときを待っているんです。なので、**最高気温が30℃を超え続けるようになったとき、最低気温が15℃を下回り始めたときは、肥料をストップ**してください。

2つ目は、**肥料と活力剤はお互いの代わりにはならない**ということです。「コレだけ与えておけばOK」という肥料や活力剤はありません。とくに多く見られるのが、「メネデール」を肥料だと思って与えているケース。**メネデールには主要な栄養成分は含まれていないため、別に肥料として認められているものを与える**必要があります。植物に対して**肥料として使用できるものには、窒素、リン酸、カリ（カリウム）の成分含有量などがパッケージに明記**されているので、パッケージを見ればすぐに識別できます。

適切な時期に肥料と活力剤を与えて、環境変化に負けない健康な株に育ててあげましょう！

窒素肥料が多くなると虫が寄ってきやすい？

実は、植物に窒素肥料を多く与えるとアブラムシの標的にされやすいんです。何でも多ければいいというわけではありません。肥料は必ず用法用量を守って、土の栄養バランスを保ちましょう！

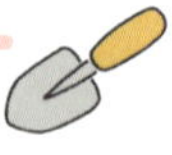

くりと愛用の肥料&活力剤たち

リキダス

環境変化が大きくなる時期に与える活力剤。
販売元／ハイポネックスジャパン

微粉ハイポネックス

とにかく使いやすい。小さい鉢や季節の変わり目になる前はこの肥料。環境変化に強くなります。
販売元／ハイポネックスジャパン

肥料成分を洗い流す裏技

肥料濃度が濃すぎると根が焼けることがあります。そんなときは大量の水を与えて肥料成分を薄めればOK。

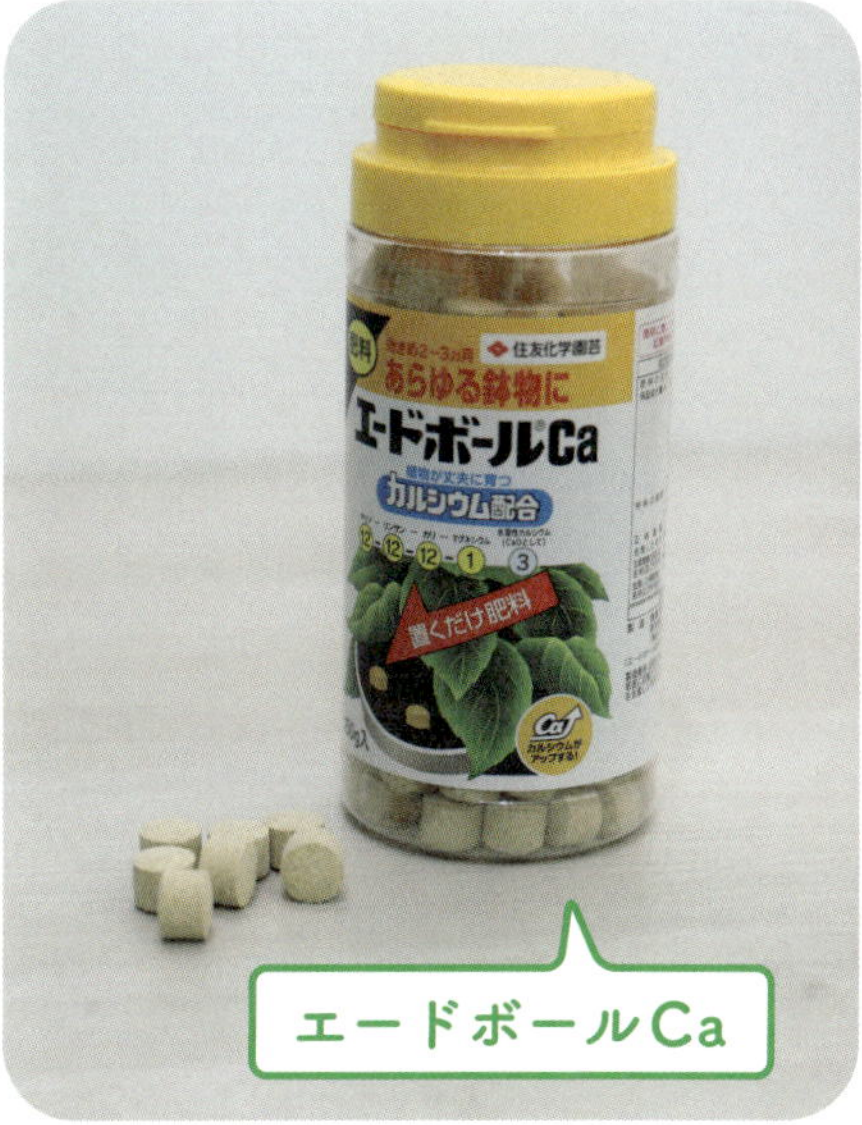

エードボールCa

生育期に与えるべき肥料です。
販売元／住友化学園芸

肥料の種類

肥料の「性格」はパッケージに表れる ココで成分や種類をチェックしよう

肥料って実際どれを選べばいいのか、いまだによくわかっていないという方、実は多いんです。ここをスッキリ理解するために、まずは商品パッケージを見て、どんな肥料なのかを判断できるようにしましょう。

園芸において肥料と言えるのは、含まれる成分や安全性などがハッキリしていて、国の許可を受けたものだけです。**パッケージには「8－8－8」のように、肥料の主要成分である窒素（N）、リン酸（P）、カリ（K）の3つの成分量の割合**を示す、重量パーセントが記載されており、望むタイプの肥料を選ぶことができます。「8－8－8」なら、N、P、Kが8％ずつ含まれるということです。

さらに、**肥料には「有機肥料」と「化成肥料」の2種類**があります。**有機肥料とは、動物性肥料の魚粉や骨粉、植物性肥料の油かすなど**のことです。これらの有機肥料は、ゆっくり効いて、土壌を改善する効果がある反面、ニオイが強いという特徴があります。**化成肥料は、植物に有効な栄養素だけを固めたもの**で、ニオイが少なく、室内園芸で好まれます。ただし、土壌改善効果はありません。

個人的には**化成肥料をおすすめ**しています。理由としては、ニオイが少ないのはもちろん、観葉植物は植え替えしながら育てていくため、肥料による土壌改善効果を期待しなくても、植え替えができていれば問題は起きないからです。

土壌改善効果のある化成肥料もある

化成肥料のなかには「有機入り」というものもあります。気になるニオイは抑えつつ、有機成分が配合されているので土壌改善効果も期待できる、というすぐれものです。

肥料といえばこの2種類

有機肥料

草木灰

魚粉、骨粉

油かす

ワラや枯れ葉を焼いてできた灰です。主にカリ成分を含み、速効性があるけど、土をアルカリ性に傾けるので量に注意。

魚を乾燥させて粉状にしたものが魚粉。熱水処理した家畜の骨を粉砕したものが骨粉。遅効性のリン酸多め肥料です。

植物の種から油をしぼった後の、残りを使った肥料。ニオイは強め。栄養面でいうと窒素成分が多いです。

化成肥料

液肥と固形肥料があります。薄めて与えるもの、そのままシャワーのようにかけるもの、土に置くものなど、与え方もいろいろです。

マップで見る 用途別肥料&活力剤！

このページでは、僕が使用中のアイテムの他、おおよそ全国で手に入るであろう肥料と活力剤をまとめています！
これらの肥料・活力剤は、温度やその植物が置かれている環境に応じて選んでいく必要があります。
生育期にふさわしい肥料から、栽培環境が好ましくないときに使えるものなど、9種類をマップに分類してみました。

生育期に与えたい肥料

メインで使用!

エードボールCa

含まれる栄養素のバランスが整ったオールラウンダーな肥料。わが家のメイン肥料でもあります。5～10号の中大型株にピッタリ。

ハイポネックス原液

コストパフォーマンスに優れた希釈タイプの液体肥料。生育初期の若い株の他、草花などにも向いている。

マイガーデン粒状肥料

ニオイが少ない。有機質入りのため土壌改善効果がある。温度に反応して肥料が溶け出る量も変わる。どちらかといえば屋外の植物向き。

栽培環境が不安定なときに与える肥料&活力剤

メインで使用!

微粉ハイポネックス

日当たりが悪い、温度が安定しないなど、過酷な栽培環境が続くときはこの肥料。

メインで使用!

リキダス

7～8月ごろが出番の活力剤。夏バテ気味の子には積極的に与える。植え替え直後に使えば、根張りの促進にも！

高い

良い

日当たり

悪い

冬前に与える活力剤

植物活力剤

肥料をめちゃめちゃ薄めているアンプル剤。根っこが伸びているときに与える。ただし、鉢が大きくなると複数本挿さないとダメなので、景観が損なわれるのが難点…。

リキダス

寒さへの抵抗性をつけるために使用。植物が丈夫になる。

メネデール

挿し木や植えつけ時に使いたい活力剤。挿し穂の切り口に保護膜を張るような働きがあり、発根を促す。肥料成分が含まれないため時期を問わず使える。

HB-101

スギやヒノキなどの抽出物から作られている活力剤。無農薬栽培でも使用でき、植物の免疫力などをアップさせる効果が期待できる。

寒い！暗い！ときに与える活力剤

花ごころ 多肉・観葉・エアプランツの活力ハリ・ツヤ・うるおい液

スプレータイプの活力剤。希釈などの作業なしで栄養を送ることができる。根っこの吸収力が低下しているときに便利。

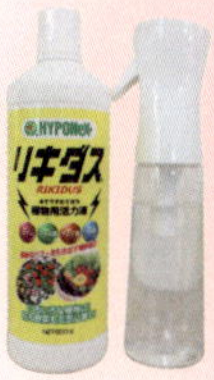

リキダス　2000倍希釈液

リキダスは2000倍に薄めることで葉面散布液にすることが可能に。根が活動しにくい低温期は葉面散布でフォローを！

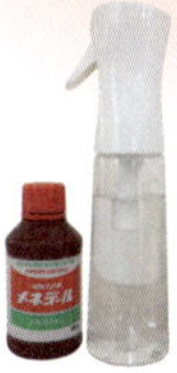

メネデール　100倍希釈液

メネデールも100倍に薄めて葉面散布液にすることができる。

低い

温度

肥料の使い方とスケジュール

強い子に育てたいから！肥料についての2つのマイルール

どうすれば植物がより強く、丈夫に育ってくれるのかを追い求めた結果、たどり着いた答えが2つあります。

1つ目は、**室内栽培をするなら「上がり型肥料」を与える**こと。これは、パッケージに記載された**成分表示の数字のうち、カリ（カリウム）成分の割合が最も高い肥料**のことです。

日本の室内は、1年のうちに目まぐるしく環境が変わります。植物がその環境変化を耐え抜くためには、適応力を高めていく必要があります。そこで出番になるのが**カリ成分の多い「微粉ハイポネックス」**です。この肥料は成分の効きが速いので、**生育期の始まりと終わり**には必ず与えてあげましょう。

最低気温が15℃を下回らなくなってきたら「エードボールCa」の出番です。こちらは置き型の肥料で、3か月に渡って肥料成分を根に届けることができます。短い生育期に「肥料が足りない」という事態を避けるためにも、置き型肥料はぜひ導入しましょう。

2つ目は、**活力剤である「リキダス」を併用**していくこと。とくに**植え替え直後と休眠期**は、リキダスによるフォローアップが有効です。日本では通常8月と12～2月ごろが植物の休眠期となりますが、この期間は植物の成長が遅いため、強い肥料を与えることができません。そこで活力剤を併用し、キツイ季節を何ごともなく乗り切ってもらうんです。

これってまさか…ナメクジの卵!?

たまに「土にナメクジの卵が混ざっていた！」なんて声が聞こえてきますが、その正体は、だいたいが粒状の肥料の表面を膜で包んだ「コーティング肥料」です。ご心配なく！

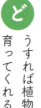

東京の月別の最高気温と最低気温の平均（2023年）

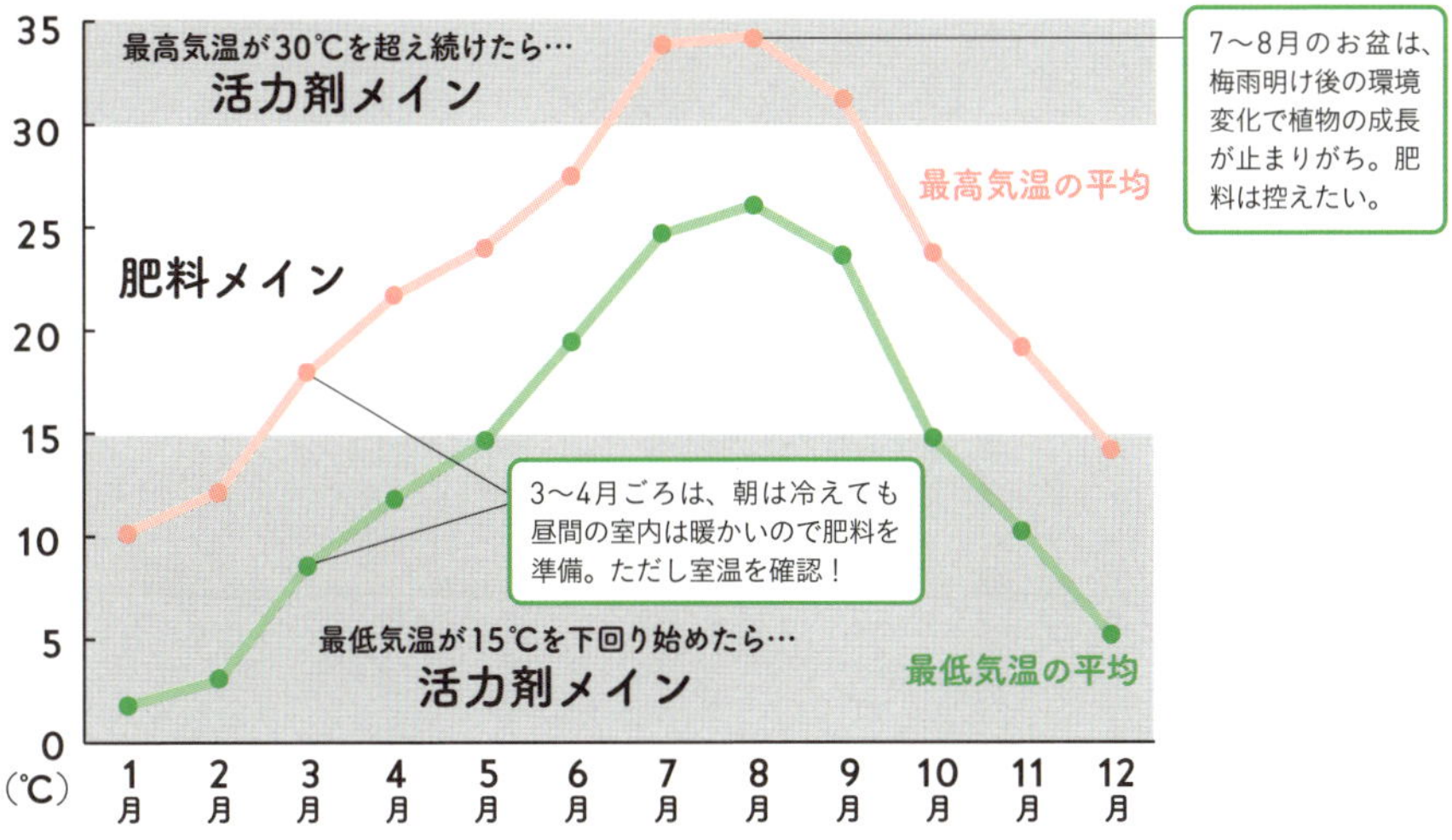

データ／気象庁

1〜12月の肥料＆活力剤スケジュール

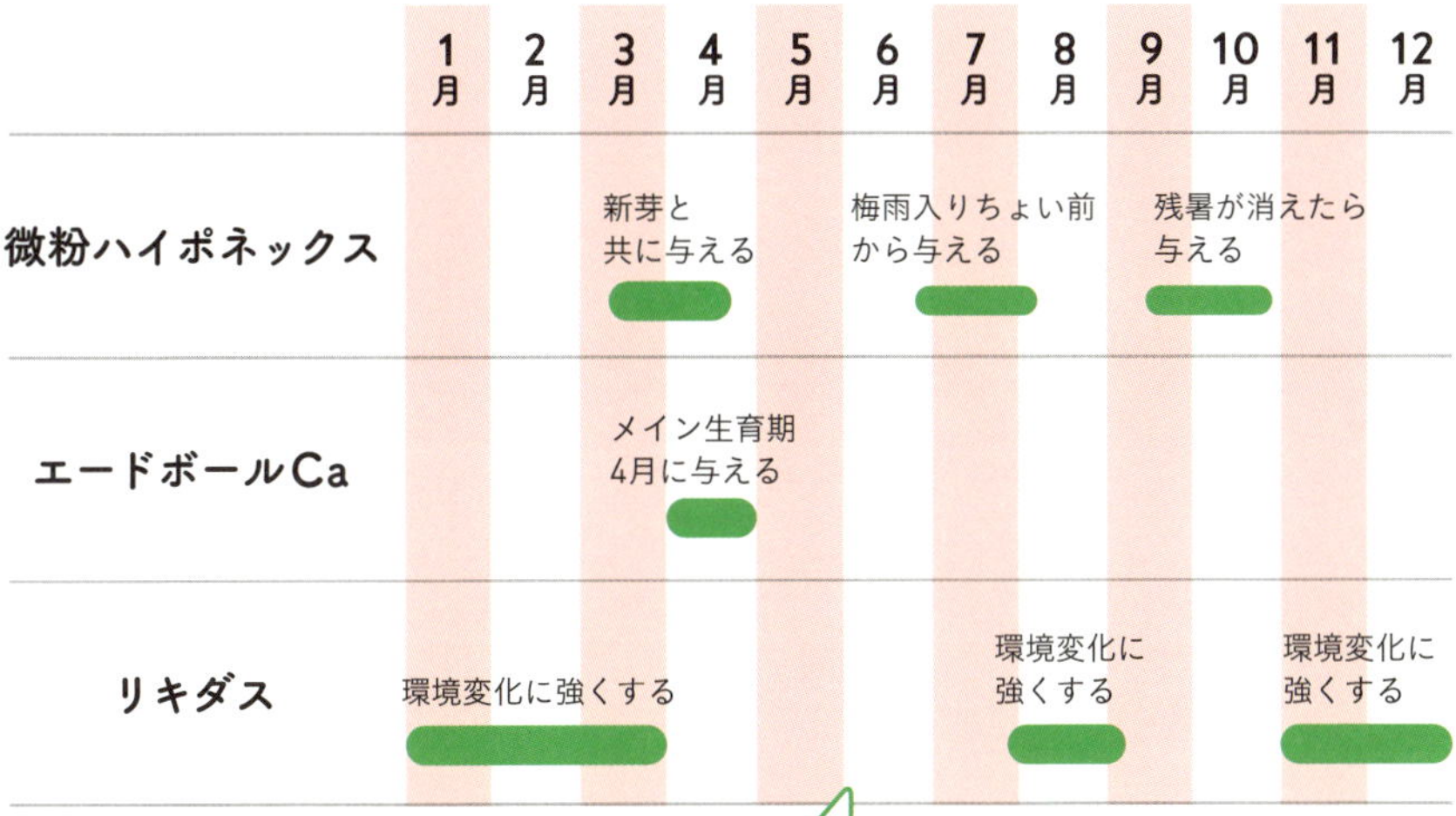

3月末から10月末（※8月の猛暑期を除く）の期間にしっかりと肥料を吸わせてあげるのがポイント！とくに3月ごろは、植物ごとに「新芽が出たら」肥料を入れるようにしてください。

風通しの重要性

結局、植物にとって風に当てることっていいの？良くないの？

植物を管理する上で、風通しを良くすることには、ひょろひょろと茎が伸びる**徒長を防いだり、光合成をより効率的に進められたりする、プラスの効果**があります。ですので、積極的に取り入れたいものではあるのですが、「なぜ風通しが良くなると徒長が防げるのか」を理解しておかないと、かえって植物を傷めてしまう結果になります。

実は、**植物には非常に優秀な安全装置がついています。外部から強い刺激が加わると、その装置が自動で働き始め、成長が止まるようにできている**んです。そのため、あまりに**強い風を当て続けると、安全装置が稼働しっぱなしになって成長が鈍り、植物が次第に弱ってきてしまう**ことがあります。このときの風が暖房や冷房の風だった場合には、さらに追い打ちをかけるような刺激が加わり、どんどん植物を傷めてしまうので、十分に注意しましょう。

もう1つ、風通しを確保してあげる際に気をつけたいのが**「質感の違う風」を当てない**ようにすることです。**質感とは、その風の温度や湿度のこと**を指します。植物は総じて適応能力が高いとはいえ、**急な変化には弱い**という一面もあります。ですから、風の有無だけでなく、その「質」も気にかけてあげてください。ベストなのは、送風機（サーキュレーターなど）を使って、一定の質感の風を送ることです。

どんなサーキュレーターがいいのか

①首振りの幅を手で調整して動かせるもの②連続運転が可能なもの（自動停止するものには安全上心配なものがあります）。この辺りを持っていると便利かもしれません！

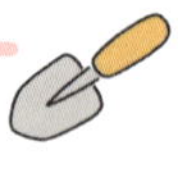

サーキュレーターを使うときに気をつけたい植物

空気が流れている環境では乾くのがものすごく早いので、水切れが頻発します。要注意植物。

アジアンタム

ビカクシダ

風は壁を伝って空間を巡っていくので、壁にかけているビカクシダはめちゃめちゃ乾きます。水切れに注意！

積極的に風を当てたい植物

濡れたまま暗くて風通しの悪いところに置いてしまうと、かな～り傷みます。

エアプランツ

乾燥地帯にいる子たち

多肉植物を中心に、蒸れやすい子たちにはきちんと送風してあげましょう。

キノコの発生予防

植物の風通しが良くないとやってくる、ちょっぴり嫌なアイツ

風通しが悪い環境に置かれた植物には、アイツがやってきてしまいます。そう、**キノコ**です！

しめじとかしいたけが生えてくるならまだいいのですが、残念ながらよくわからないキノコばかりが生えてきます。それを嫌だなと感じる方は、次のことに気をつけてみてください。

1つ目は、**有機質の土を避ける**こと。もともと自然界では共存している植物とキノコなので、土に有機質を含むほどキノコ発生率は高まります。例えば、腐葉土や堆肥が含まれる土を使用していると、キノコが出やすい環境になるんです。

2つ目は、**ウォータースペース＊を取りすぎない**こと。**深く取るほど湿気が溜まりやすく、ジメジメした空間になる**からです。また、**植物同士の密集も避けましょう**。中心にある鉢ほどキノコパーティが始まってしまいます。

3つ目は、植物を**暗所に置かないこと**。**暗いところに置くと、水の吸い上げが悪くなり、土が濡れている状態が長く続いて**しまいます。これまたジメジメした、キノコが大好きな環境です。

もし**キノコが生えてきてしまったら、周辺の土ごと入れ替えるか、その植物を他の子から離してしっかり太陽に当てれば**、だんだん生えなくなるはずです。植物の根元にキノコが出てきたときは「風通しが悪かったんだな」と思ってちょっと反省しましょう。

鉢に生えてきたキノコは食べられる？

お願い、絶対食べないで…

＊ウォータースペース…鉢の縁から土までの数cmほどの空間で、水やりのときに土が溢れないよう、水を溜めるためのスペース。

僕が見かけたキノコたち

このキノコはよく見かける気がする？

金運上がりそうです。

ウォータースペースの違い

ウォータースペースが深いと湿気が溜まりやすくなります。キノコが生えやすいというデメリットはありますが、シダ植物を鉢に植えるときなどは、少し深めにウォータースペースを取っておくと、湿度の保持に役立ちます！

くりとがセレクト！ ○○すぎる植物3選

僕がいろいろなショップで出会った○○すぎる植物たちをご紹介。独断と偏見になりますが、気になる子がいればぜひ探してみて。

難易度別 レアすぎ植物部門

SSレア

十分な環境を用意してからお迎えすべき子

アンスリウム・ワロクアナム ‘ダークナロー’

育てる難易度も高いし、値段も高いし、なかなか売ってません。

レア

迷わずお迎えすべき子

シンニンギア・レウコトリカ

安いのにたのしいし、葉がかわいい。

モンステラ ‘タイコンステレーション’〈斑（ふ）入り〉

栽培が進み、比較的流通量が増えてきて、手に入りやすくなりました。でも、成長の遅さからか、価格は5〜6号サイズで平均1万2,000円ほど。

Sレア

勢いでお迎えすべき子

値段高すぎ植物部門

パキポディウム・グラキリス

グラキリスといえば丸くてぷっくりなイメージですが、お値段はかわいくありません。これまた種から育てています。でも、こちらは発芽率が良く、まいた種はほぼ発芽したので、グラキリスはいっぱいあります。

オペルクリカリア・パキプス

大型株は少なくとも15万円以上する子ばかりですが、いつかはほしいです。わが家のは種から育てているミニパキプスちゃん。20粒撒いて3個しか芽が出なかったし、種も1粒でなんと200円もするんです！

ザミオクルカス・ザミフォーリア〈斑入り〉

斑入りになると急に値段がアップ。2024年ごろからちらほら出回り始めましたが、まだまだ値下がりせず、そもそも流通も極少ないです。

乾燥に強すぎ植物部門

ザミオクルカス・ザミフォーリア

怪物級の乾燥耐性。お試しあれ。

サンセベリアたち

最近、ドラセナの仲間になってしまったサンセちゃんですが、水をやらなすぎて枯れることがまずありません。でも見た目はシワシワしてくる。

トラディスカンチア白絹姫

もしかして不死身？？？？

column
1

ここ何て言うの？
植物の部位と名称

誰かに質問したり、ネットで調べものをしたりするときに、「葉柄」や「節」などといった植物の部位名を知っていると、ほしい答えにすぐたどり着けます。ぜひ覚えておきましょう！　樹木系の植物の作りと、モンステラなどの硬い幹をもたない子たちの作りを押さえておけばOKです。

葉っぱの部位名

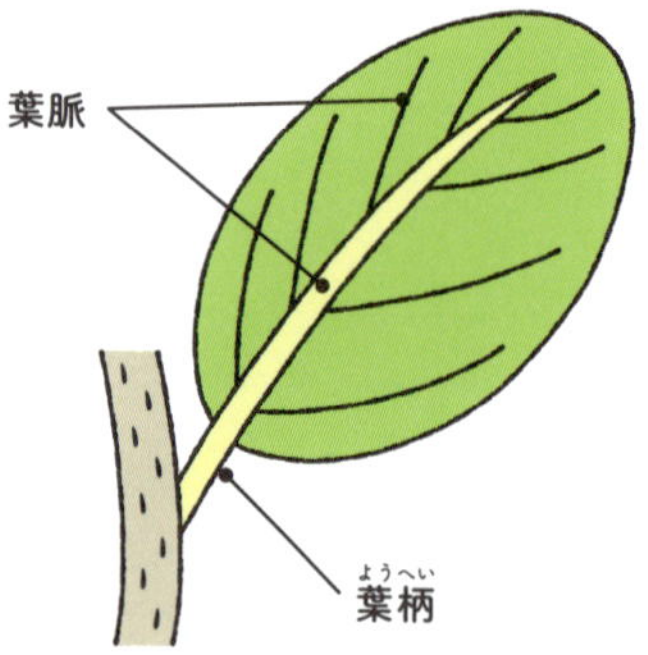

植物の部位名

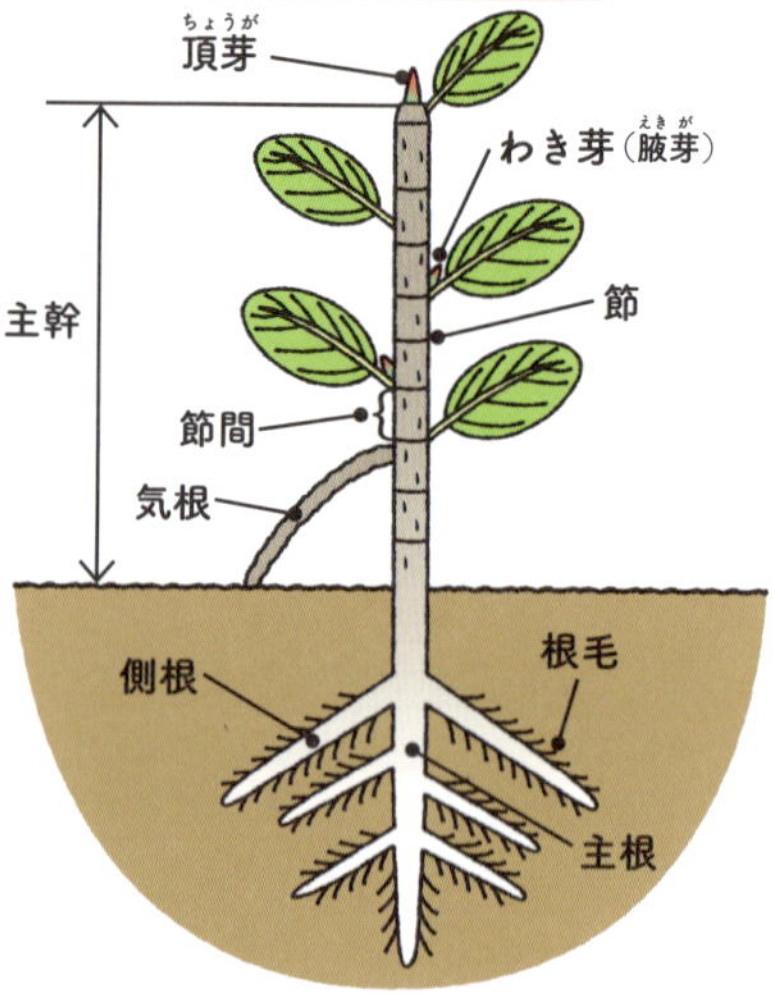

モンステラの部位名

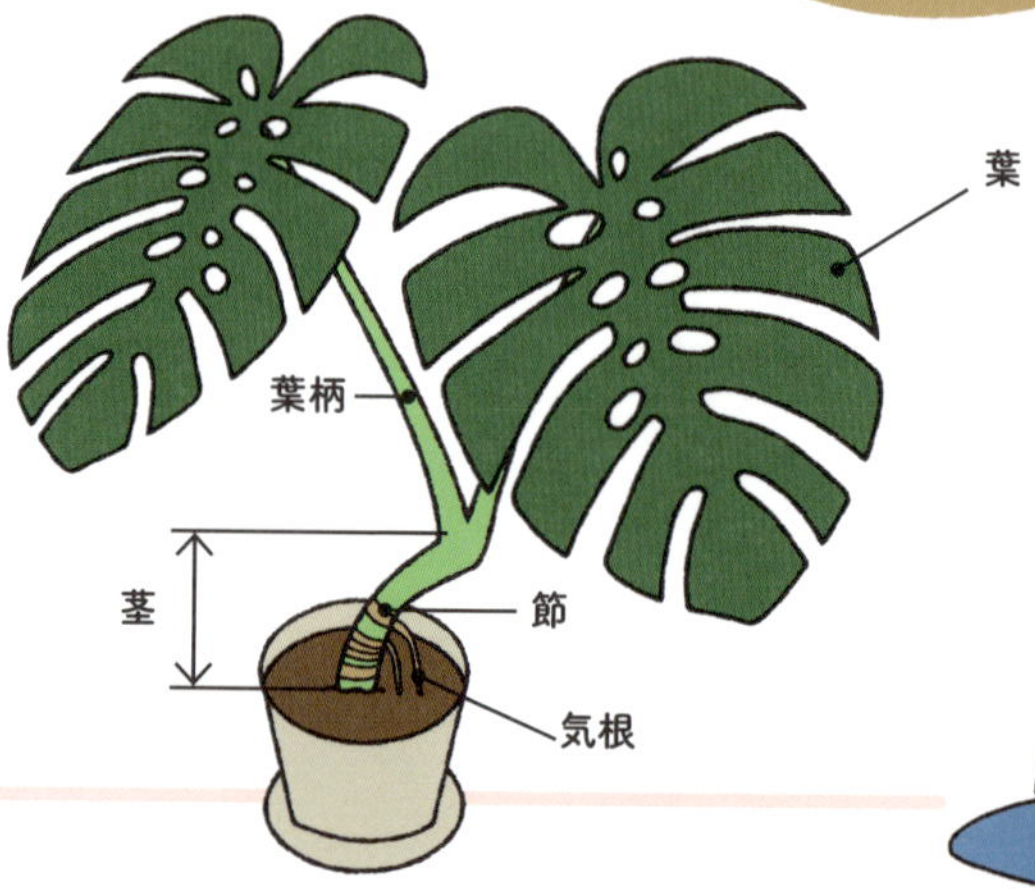

CHAPTER

2

気持ちがわかる！ 観葉植物のトリセツ

トリセツ
01

圧倒的光属性のエバーフレッシュ
窓辺の特等席をご用意したい

どんな子？

数多い観葉植物のなかでも、超絶人気のある子です！　同じ仲間にオジギソウやアカシア（ミモザ）がいます。ちなみにエバーフレッシュは、夜になると葉っぱ同士を合わせて、眠るように一晩過ごすんです。

エバーフレッシュをうまく育てるポイントは全部で3つあります。

1つ目は、**部屋で最も日当たりのいい場所に置く**ことです。

エバーフレッシュは葉数が非常

おすすめサイズは？

いちばん見栄えがいいのは170cmほど背丈のある子。大株はそこそこ水切れにも強くなっているので、育てやすい部類に入ります。もちろん、小さいサイズもかわいいのですが、水切れには弱いです。

水やり頻度は？

生育期にあたる4〜7月、9〜11月は、室内置きの7号サイズで、最高でも週2回程度でいいと思います。低温期（周囲の気温が15℃以下）の場合は、7〜10日に1回ほどを目安に調整しましょう。

に多い植物ですが、たくさんの葉を残して**きれいな状態を維持するためには、大量の光が必要**です。なので、窓辺の特等席はエバーフレッシュに譲ってあげてください。

2つ目は、**水切れをさせない**ことです。水が必須の植物界においても、エバーフレッシュは体の中の水分が減るのをめちゃめちゃ嫌います。

3つ目は、**低温に注意する**ことです。みなさん、エバーフレッシュには寒さに弱いイメージをもたれていると思いますが、実は**寒さで枯れることはそう多くない**んです。寒いと高確率で落葉は発生するかもしれませんが、水さえ与え続けていれば、外気温が20℃に届き始める春には、なんと新芽が出てきます！

エバーフレッシュ
季節の管理

春（3～7月）の育て方

この時期は、生育のピークであることを踏まえて管理していくことをおすすめします。3月上旬ごろには、速効性の液体肥料を与える準備をしましょう。ただ、エバーフレッシュは最低気温が低いと成長が遅いので、4月頭くらいまでは動きが少ないかもしれません。新芽の動きを注視して、成長が確認でき次第、すぐに液体肥料を与えます。それ以降は固形肥料を切らさず管理を。

夏（8月）の育て方

油断のできない時期です。この時期は生育が止まりやすくなります。とくに、家の2階など、熱がこもりやすい場所で管理している場合は、よりいっそうの警戒が必要です。洗濯物がすぐ乾くのと同じように、土も爆速で乾いていきます。

秋（9～11月）の育て方

秋は第2の生育期になります。つまり、肥料の出番です。ただし、秋は雨が多く降ったり、急に寒くなったりするので、いつ冬に突入してもいい準備も必要になります。肥料は液体肥料をメインで与えるか、肥効期間の短い（1～2か月）ものがおすすめ。また、この時期になると日照時間が短くなるので、水の吸い上げが緩やかになっていきます。

冬（12～2月）の育て方

水やり頻度は、間隔をあけすぎないように気をつけてください。また、この時期の肥料を控えることで、肥料焼けなどのトラブルを防ぐことができます。エバーフレッシュは光から遠ざけられるのが嫌いなので、窓付近は寒いからと、部屋の奥の暗いところに運ぶことはしないでください。さほど暖かくもなく暗い場所は、エバフレが最も嫌いな場所です。

挿し木にチャレンジ！

難しいと言われるエバーフレッシュの「挿し木」（p128参照）。
成功率の高い方法が判明したので紹介します！

1

枝先の芽をカット

元気な枝先の芽（頂芽）を、鉛筆くらいのサイズで切り取ります。

2

先端の葉以外をカット

枝のいちばん先にある葉だけを残し、下の方の葉を落とします。さらに小葉が4枚になるようにカット。

3

切り口を斜めに

切り口を前後から斜めにカットして、水を吸いやすくします。

4

切り口を水に挿す

容器にゼオライトと水を入れて枝の切り口を浸します。水が少なくなったら、場所は動かさずその場で水を注ぎ足して。

5

白いプツプツを確認

うまくいっている場合は、水に浸かっている根元から、白いプツプツしたものが出てきます。これは「カルス」という植物が傷口に作る細胞の塊。

6

湿度を安定させる

こうなれば発根完了！　根が乾燥に慣れていないので、土に移すときは袋をかけたり温室に入れるなど湿度の安定したところに。

トリセツ 02

植物界のスター、モンステラ 控えめに言っても最高です

どんな子？

観葉植物と言えば…と名も挙がりやすいモンステラは、グッズ展開までされている植物界のスター。非常に育てやすい植物でありながら、かっこ良く育てるのはなかなか難しい、奥深い子です。そこが控えめに言って最高なんです！

モンステラをかっこ良く育てたいなら、次のことを意識してください。

1つ目は、**徒長させない**ことです。モンステラは、暗いジャングルを素早く駆け上がるため

おすすめサイズは？

一般的なダイニングテーブルより低いものがおすすめです。日当たりが悪い環境で大型のモンステラをお迎えすると、新しく出てくる葉が小さく寂しい感じになるので、最初は小型から。どうせすぐ伸びます！

水やり

頻度は？

かなり水切れに耐性のある子です。葉の縁がピンと張らず、フニャッとしてきた場合は水切れしているので、底面吸水でじっくりと。生育期の4〜10月は多くて週2回くらい。低温時期は2週間に1回でもOK。

に、**光が届かない場所では早く茎を伸ばす特性**があります。というのも、他の植物が自立するために幹を太くすることにエネルギーを注ぐところを、モンステラはあえて茎の伸長力に回しているためです。徒長させないためには、**十分に光を当てる**ようにしてください。

2つ目は、**支柱を立てるなら、モスポール（P71参照）など水分を保持できるものにする**こと。モンステラなどの気根をもつ植物は、気根を水分のある方へと伸ばします。そこで水分を獲得できると、しっかり根を張り始めます。**気根を根づかせると葉が大きくなりやすい**ので、この方法はおすすめです。**背丈を低くしたい場合は、取り木（P132）**を繰り返して育てます。

モンステラ
季節の管理

夏（8月）の育て方

この時期に一度生育が止まりやすいです。光量が減る場合は、育成ライトで補助すると樹形を保つことができます。とはいえ強靭なモンステラさんなので、とくに必須作業はありません。しっかり水をあげて光を浴びていれば十分に夏越し可能です。

長期間室内にいた株をいきなり真夏の光に当てると焦げます。

春（3～7月）の育て方

モンステラは比較的生育の始まりが早いかな、という印象です。芽が伸び始めたら、すぐに速効性の液体肥料でフォローしつつ、置肥に切り替えましょう。爆速で大きくしたいなら、この時期に有機質の土に植え替えて屋外に置けば、ワンシーズンでかなり育ちます。室内に置いている場合、かっこ良く育てたいなら「窓際に置く」一択です！

冬（12～2月）の育て方

モンステラは比較的、無加温の寒い場所でも耐えてくれます。そのため、他の植物に合わせて一律に水やりを控えるのは少々危険です。土が乾いていくようなら、しっかりと水を与えてください。もし、冬場の環境にやや不安がある場合は、生育期の間に水はけがしっかりした鉢に植え替えておきましょう。とくに1つ穴の鉢には注意が必要です。

秋（9～11月）の育て方

最高気温が低下してくると同時に、モンステラのドリルのような新芽も再び姿を見せます。新芽が出るなら肥料は必須なので、切らさず与えてください。ただし、この時期は急に寒くなることがあるので、9月上旬までに固形肥料を与えられなかった場合は、液体肥料の準備が必要です。この時期は肥料から活力剤リキダスへの移行期間でもあります。

いろいろなモンステラをご紹介

一口にモンステラと言っても、こんなにさまざまな色・形があるんです。

モンステラ'タイコンステレーション'

黄色い散り斑が特徴の子。白い斑入りちゃんとは違って、繊細なタッチで表現される模様がたまりません。白い斑入りと比較すると、傷みにくくて丈夫です。

モンステラ斑入り

'ホワイトモンスター'とか'ホワイトタイガー'とかいろいろな名前があるんですが、僕は見分けられません。なんなら入荷時点で「モンステラ　フイリ」としか伝票に書いていないので、お店の人を問い詰めるのはお控えください…。ワカリマセン。

モンステラ'シルバーシャトルコック'

ラインの入った細い葉のモンステラ。この種類の大型株は見たことがないので、どんな姿になるのか、これからがたのしみです。

モンステラ'ジェイドシャトルコック'

モンステラのイメージとは程遠い。でもモンステラです。垂れるように仕立てるか、支柱を登らせるかしてたのしみます。

トリセツ
03

枝が伸びるの早すぎ！と言えば フィカス・ウンベラータ

どんな子？

大型観葉植物と言えばウンベさん。丈夫なフィカスのなかでも酷暑に耐える子で、強い光を好む印象です。枝葉の伸長力も強い。他のフィカスに比べると葉が薄く大きいのですが、弱光で育てるとより薄く、破れやすくなります。

ウンベラータを上手に育てていくコツは、**剪定と強光管理**にあります。

ウンベラータは枝葉の伸長が早いため、すぐ窓上部の光の届きにくいエリアに到達してしま

おすすめサイズは？

中大型株がおすすめです！幹が白っぽいので大型でも部屋になじみます。逆に小型株はあまり出回りません。右の写真は、p54の写真から1年半ほど前のもの。すぐ大きくなるだけに、木のフォルムが悩みどころ。

水やり

頻度は？

水切れすると葉が葉柄から下垂します。水を吸うのが早いので、土表面が乾いたら水やりして。最低でも2週間に1回は水を与え、水をよく吸う生育期は週1回の水やりをすれば、そうそう枯れることはないはず。

います。それを放置しておくと、葉が少なく、茎のほっそいひょろひょろしたウンベラータになってしまうんです。**定期的に剪定を繰り返し、枝数を増やしながら成長させていく**ことで、葉が多い立派なウンベラータに育てましょう。

また、葉の大きさは光量の影響を強く受けるので、**大きな葉がお好みなら、育成ライトで天井付近から照らす**のがおすすめです。こうすると、下から上まで葉がみっしりとついた、迫力のあるウンベラータになってくれます。

病害虫がつく心配はほぼありませんが、**日照時間が減ると葉が黄色くなってバラバラ落葉**します。しっかりと光を確保してあげてください。

フィカス・ウンベラータ
季節の管理

夏 (8月) の育て方

暑い時期は葉が黄色くなりやすいです。原因は水切れなので、こまめに管理してあげてください。夏場なら、土の表面が乾いたタイミングで水を与えても問題ありません。今まで浴びていた光の強さにもよりますが、この時期に外に出すと、慣れない株は葉焼けしますので、無理に外に出さないようにしてください。出すなら遮光された日陰に。

春 (3～7月) の育て方

光を当てた分だけ葉が肥大します。成長のチャンスですので、固形肥料を与え、切らさずに管理してください。なお、「冬の管理から春の管理への切り替え時期は、液体肥料でサポートする」というのが全観葉植物に共通のお世話になります。この時期に剪定を行えば、冬前までには枝数が増えているので、万全な状態で冬越しに挑めます。

冬 (12～2月) の育て方

日照時間も短く、温度も低くなりがちなため、光合成がしにくい時期。可能なら、育成ライトで光を浴びさせてあげるのがおすすめです。寒い、暗い状況が続いてしまうと、落葉に繋がることがあります。あまりに低温なときは、2000倍に薄めたリキダスを葉面散布してフォローしつつ、室内のなるべく暖かいところに避難させるのも有効です。

秋 (9～11月) の育て方

生育期が続きます。酷暑が終わるころには、新芽が伸びようとしているはずなので、肥料を与え始めてください。9月頭の時点で新芽が伸び出しているなら置肥でもOKですが、できれば冬への備えを優先する方がいいと思います。リキダスと微粉ハイポネックスを併用して、株を丈夫にしていきましょう。

葉をツヤツヤにする方法！

ウンベラータは葉にツヤが出るとより美しく見えます。

LEDライトを用意

ウンベラータは光が弱いときれいな葉にならないので、光量を増やす必要があります。まずはLEDライトを用意しましょう。クリップタイプやダクトレールにつけるものでもOK。

葉から離して設置

LEDライトは、近くに置きすぎると葉にダメージを与えやすいので、距離を取ってください。ウンベラータなら40〜50cmは離したい。ライトの種類にもよりますが、Brim（SOL24W）やHaruDesign（GL-A6K）、BARREL（AMATERAS）などは、50cm離せば十分。

頂芽をカット

光を当てるとともに、未剪定の株の場合は早めに頂芽をカットしておきましょう。枝数が増えます。

育てたい側の葉に光を！

ライトを当てるのは連続12時間までにします。全体をまんべんなく照らすのではなく、育てたい側の葉を狙って光を当てて。

トリセツ

04

手のかからない優等生 フィカス・ベンガレンシス

どんな子？

緑の色が力強く、はっきりとした葉脈の葉と、白っぽい幹が特徴です。乾燥、低温、高温などに軒並み強く、それでいて生育はゆっくりめなので、樹形も乱れにくい。「最初のひと鉢」にもおすすめな子です。

フィカス・ベンガレンシスの育成のポイントは、**強光管理**です。光が弱いと幹が細くなりがちで、成長と共にフラフラするほど細くなってしまいます。**安定した強い光に当てて**

おすすめ
サイズは？

テーブルサイズから大型まで、さまざまな大きさが揃っています。ホームセンターのミニ観葉コーナーにもあるので、理想の樹形に出会えるはず。個人的には、成長と樹形の作り込みがたのしめる5〜6号がおすすめ。

水やり
頻度は？

水切れすると葉が葉柄から下垂します。1回垂れ下がるとなかなか持ち上がりません。生育期は週2回を目安に、様子を見てください。低温時期は、2週間に1回でも問題なさそうな印象です。

あげれば、バランスのいい株に育てることができます。

生育の途中で、幹から根っこがたくさん出てくる場合がありますが、これは気根と呼ばれるものです。うまく土に潜り込めれば、肥大して木質化しますので、ぜひ**気根は土に誘導**してあげましょう。ただし、株が無機質の土に植えてある場合、土が動きにくいため気根が土中に入れず、膨らむことがあります。気になるなら土に穴をあけてあげるといいかも。有機質の土ならその心配はありません。

水切れにも強い子ではありますが、ちょっと**水を切らすと、葉に斑点ができやすい**印象があります。**土表面の乾き具合に気を配り**ながら、管理していきましょう！

フィカス・ベンガレンシス
季節の管理

春（3〜7月）の育て方

この手の樹木は幹が細くなるとかっこ悪いので、十分に光を浴びているか確認してください。置き場所は、可能な限り南の窓側、特等席です。間違っても北側などの暗いエリアには置かないように。肥料は他の植物と共通ですが、新芽が出にくいので、4月になったら液肥を使って大丈夫。ただし、希釈は薄めに、1000倍くらいからスタートしましょう。

夏（8月）の育て方

乾燥に強いためうっかり水を控えすぎると、葉が下垂してしまうことがあります。一度葉が下がるとなかなか持ち上がらないので、樹形維持のためにも過乾燥には気をつけましょう。たぶん、この時期は新芽も伸びないと思いますので、水を切らさないことだけ注意して、安全に夏越しできるようフォローしてください。

秋（9〜11月）の育て方

温度計を見て、暗い時間帯に気温が30℃を下回るくらいになったら、液肥を使い始めましょう。新芽が伸びていなくても、土はしっかり乾いてくるはずなので、そこに合わせて施肥と水やりを継続します。成長はもともとゆったりな子です。焦らずいきましょう！

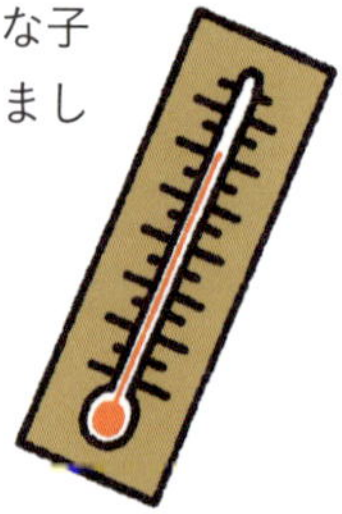

冬（12〜2月）の育て方

光量さえ維持していれば、落葉は防げるはずですが、暗い、寒いという条件が揃うと弱りやすいので、要注意。この手のフィカスは下葉が落葉すると見栄えが悪くなるので、低日照にはとにかく注意です。下葉が落ちてしまうようなら、次の春の生育期に、新芽が勢いよく出始めたのを確認して、新芽の上で丸坊主剪定をするのも手です。

フィカスはこんなに多彩です

p54のウンベさんもフィカスでしたが、他のフィカス一族も紹介します。

フィカス‘ジン’

葉全体に広がる模様が美しい。暗いところに置くと、葉色の明暗が混ざって特徴が薄れてしまいます。

フィカス・パルメリー

ぷっくりの幹が好きなら、この子は絶対好き。

フィカス・ルビギノーサ　斑入り

「フランスゴムの木」とも呼ばれる品種の斑入り。ド派手な模様が入ります。

フィカス‘スイートハート’

葉がハート形のフィカス。落葉しやすい子ですが、水切れに注意してあげれば育てやすい。

フィカス・ランフィー

白い斑が入る‘ティネケ’とレリジオーサを足して2で割ったような子です。

フィカス・レリジオーサ

「インド菩提樹」とも呼ばれる子です。葉先が細く伸びるのが特徴。とてもかわいいです。

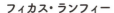

トリセツ 05

知名度はバツグンなれど知らない顔ももつパキラ

どんな子？

植物好きで知らない人はいないであろう、説明不要の有名“木”です。でも、意外と育て方にコツが必要で、たまに思いっきり枯らしてしまうこともあります。幹がぷっくり膨らんできても、水の与えすぎには注意しましょう。

パキラの栽培は、土が乾きやすい環境で水やりを控えめにするとうまくいきます。パキラは、他の植物と比較しても、**発芽してから幹が太くなるまでが早い**種です。**太くなる順**

おすすめ
サイズは？

テーブルサイズか、４本くらいの株の幹がネジネジと編み込みになっている、5号サイズが◎。産地直送で、信じられない大きさのパキラも出回っています。個人的なおすすめはテーブルサイズのほうです。

なんだかんだ言っても、ダイソーに売っているサイズのパキラがかわいいです。

水やり

頻度は？

生育期や夏場でも、週1回程度で足りる印象です。屋外に置く場合は毎日与えても問題なし。むしろ与えるべき。逆に、低温期は2〜3週間、間隔をあけてもダメージを受けない様子。月2回くらいでもいいかも。

番にも特徴があり、先に株元がぷっくり膨らみます。

植物の体に厚みが出る理由は、僕の知る限り乾燥に耐えるためです。ただ、そういう子は乾燥に強い反面、その逆には弱く、**根の張りが遅くて過湿が苦手**だったりします。そのため、**幹の太さや葉の大きさに惑わされて、必要以上に鉢を大きくしてしまうと、やや危険**。根が育たないまま過湿が続くと、それが致命傷となり、幹がブニブニになって枯れやすくなるんです。

以上のことから、パキラは**乾きやすい土を用意して、鉢のサイズを控えめにし、水やりの間隔を調整**していくのがおすすめです。とはいえ、ずっと乾燥気味にしておくと根が育ちにくいので、注意しましょう。

パキラ
季節の管理

春（3～7月）の育て方

新芽が次々と伸びてきますが、根はあまり張っていないことが多いです。とくに、100円ショップに並んでいるようなパキラは、ほぼ根っこがないので、絶対に大きい鉢には植え替えないで。早く大きくしたいなら、この時期から屋外の光で光合成させます。葉焼けしても、そのまま同じ場所で放っておけば、葉焼けしない葉が出てきます。ただ、いきなり8月の太陽に当てるのはちょい危険。

夏（8月）の育て方

成長が一度止まりがちです。気温も相まって土はよく乾きますので、リキダスなどの活力剤を与えて、なるべく調子を崩さないようにフォローします。とにかく根を傷めないように注意しましょう。

こちらの活力剤の出番です。

秋（9～11月）の育て方

暑さも落ち着き、第2の成長タイムです。ここでしっかりと肥料を吸わせることにより、冬の生存率が高まります。水やりの回数があまり取れないので、与えればすぐ根が吸ってくれる、速効性の液体肥料がいいですよ。

微粉ハイポネックスなど、カリ成分多めの肥料を早めに与えて丈夫に育てましょう。

冬（12～2月）の育て方

ぱったり成長が止まります。だいたい12月の2週目になると、かなり気温が落ち込むからです。寒い状態では根が活動しないので、できることがあるとすれば、LEDライトで長く光を当てたり、室温の保たれた暖かい部屋に置いてあげたりすることでしょう。春夏秋としっかり管理してきた株であれば、最悪、落葉しても春には復活するはずです。

どうなる？ 屋内&屋外パキラ

直射日光OKのパキラ。5～11月、屋内外に置いて、生育の違いを観察しました。

根を剥がして観察スタート

根を剥がした状態です。ここから屋内チームと屋外チームに分けて、生育の違いを見てみましょう。

屋内チームは残念！

こちらは屋内チームです。1本は枯れてしまいました。生き残った方もそこまで成長しているようには見えません。

屋外チームは快調

屋外に置いた方（写真左と右）は、幹もかなり成長しています。さらに、直射日光に耐えられる淡い色の葉も獲得しました。

斑入りも屋外でよし

斑入りパキラも屋外の直射日光に当ててみましたが、ちゃんと直射日光に耐えうる葉を獲得しています。

トリセツ 06

ガマンが苦手なアジアンタム 水の切れ目が縁の切れ目?

どんな子?

相当数の人が一度は枯らしたことのある植物、と言ってもいいアジアンタム。ちょっと目を離した隙に、葉がチリチリに縮れます。他の植物と違い、水切れの初期症状から枯れるまでが異常に早く、たいていは手遅れだったりします。

アジアンタムをうまく育てるには、とにかく**暑さを避け、水切れさせない**ことです。アジアンタムはシダ植物ですので、**樹木のような乾燥に耐える能力は低い**です。加えて葉が多

おすすめ
サイズは？

2～5号くらいしか出回っていませんが、種類は結構あります。p66の子は代表的な品種でアジアンタム‘フラグランス’。ただでさえ葉が細かいのに、さらに細かい右の‘ミクロフィラム’という品種も人気です。

アジアンタム‘ミクロフィラム’

アジアンタム・マクロフィラム

水やり

頻度は？

秋～冬は2日に1回程度でもOKですが、高温時期は1日2回。さらに水分残量チェックを。愛情を注いだ株でも、水切れさせるとあっさり枯れます。ですが葉がなくても生きていたりするので、すぐ捨てないように。

く、信じられないくらい大量に蒸散をします。そのため、土の乾燥が早くなる**夏場は、1日水切れさせるだけで壊滅的なダメージを受けてしまう**んです。細やかに植物のケアができる方ならいいのですが、たいていの方は朝と夜に植物の様子を見る程度のはず。この半日の間に、カラッカラに乾いてしまうので、水切れ対策は不可欠です。

その対策法とは、**比較的涼しい場所に置くこと**。これで、水切れによるダメージを抑えることができます。もし自覚があるほど**部屋が暑い場合は、アジアンタムの移動も視野に**入れてください。もう1つの対策法として、**底面吸水による水やり**も有効です。とにかく、しっかり土に水分を含ませましょう！

トリセツ 07

精霊が宿る木ガジュマルは太陽が似合う元気な子

どんな子？

これまた大人気の「ザ・観葉ちゃん」ことガジュマル。またの名を「フィカス・ミクロカルパ」。沖縄では、キジムナーという精霊が宿る木、などと言われているそう。露出した根っこが特徴で、テーブルプランツとして好まれます。

ガジュマルを育てる上で**大切なのは、虫対策と光の確保**です。

実はガジュマルさん、フィカスのなかでもまぁまぁ虫がつきます。とくに**ハダニに好まれる**

おすすめ サイズは？

3号か4号がいいでしょう。しっかり育てていくと気根が土に降りてきて、木質化と肥大を繰り返すので、その様子をゆっくりたのしめます。大きい子は接ぎ木している可能性が高いので、幹と枝のつけ根をよく確認。

ガジュマルの斑入り。

右はベンジャミン'スターライト'。ベンジャミン種の和名は「シダレガジュマル」と言うだけあり、確かに似ています。

水やり

頻度は？

幹の見た目が太いので、水を与えたくなりますが、地中に広がる根は微々たるもの。5〜7日に1回程度を基準に調整していくのが良さそうです。水切れすると葉が垂れますので、それを合図に給水してもOK。

傾向があり、**外に置いておくと、今度はカイガラムシの標的に**されます。カイガラムシは目立つので対処しやすいですが、ハダニはけっこう発見が遅れます。かなり葉が傷むので、**最低でも週1回は葉にチェック**を入れると良いかもです。

また、光の確保もお忘れなく。徒長すると葉が垂れやすく、きれいな見た目になりません。**光の強度は直射日光でもいいくらい**。本当に強い葉です。

たいていのガジュマルは、**幹が短く剪定された**状態で出回っています。**そういう株は、樹高を高くしにくい**ので注意してください。仮に高くしても、「え、これ何の植物だっけ?」みたいな、シンプルすぎる見た目になる可能性が高いです。

トリセツ
08

アレンジ次第で多彩な表情に！変幻自在のポトス

どんな子？

昔から不動の人気を誇るポトス。新品種もどんどん出回っています。共通してどの品種も育てやすいのですが、白い斑入りのものは、暗いところで育てると模様がうまく出てきません。模様を愛でるなら明るいところへ。

ポトスと暮らすには、**伸び続ける枝葉とどうつき合うか**を考える必要があります。生育難易度的にはイージーな植物ですが、それゆえに成長しやすく、暖かい部屋に置くとどん

おすすめサイズは？

3号の単品種植えか、5号程度のミックス植え、10号の‘ゴールデンポトス’などがメインで出回ります。断然単品種がおすすめで、なかでも‘ステータス’、‘エンジョイ’、‘グローバルグリーン’などが◎。

左から‘ステータス’、‘エンジョイ’、‘グローバルグリーン’、‘マーブルクイーン’。

水やり

頻度は？

ポトスは乾燥耐性があるので、夏場でも1週間くらいは乾燥に耐えられます。水切れしてもいきなり枯れたりはせず、初期症状で葉がくるんと巻いて垂れてくるので、水をほしがっているのがわかりやすい子です。

モスポールとは、メッシュの支柱に用土や水ゴケを入れたもの。

どん伸びてしまうからです。

仕立て方のおすすめは3つ。1つ目は、**1つの吊り鉢にカットした茎を複数植え込み、垂らす**方法。2つ目は、通常の鉢に2～3本一緒に植え込み、**茎をピンで留めながら地面を這わせていく**方法。3つ目は、**支柱に登らせる**方法です。

それぞれの仕立て方の特徴としては、**垂らすと葉が小さくなって節間が伸び、支柱に登らせると葉が肥大します**。ときにモンステラくらい葉が大きくなるので、大型の葉がお好みの方は、モスポールなど気根と相性のいい支柱を取り入れましょう。

また、斑入りの特徴でもある先祖返りが起こることも。**模様が消えたときは、模様のある葉の位置まで剪定**してください。

トリセツ 09

可憐な姿につい過保護にしてしまう でも、本当は芯の強いソフォラ

どんな子？

栽培が難しいと言われるソフォラ。今にも折れそうな細い枝と、触ったら散りそうな小さな葉が特徴です。上の写真の‘リトルベイビー’という品種名も納得。でも、実はソフォラって強光下ではとても育てやすい子なんです。

ソフォラとうまくつき合うコツは、**とにかく光に当てることです。寒さにもめちゃめちゃ強いので、困ったときは屋外に出してしまう**のも非常に有効な手段になります。

おすすめ サイズは？

3号ポットで十分です。たまに4～5号サイズを見かけますが、光が十分に当たる環境にいるソフォラなら、すぐそのサイズまで到達するはずです。2株植わっているのを別鉢で管理する場合は水中で根をほぐして。

日照時間が減ると、株元の葉がやや黄色くなって落葉します。

自然とカクカクしてくる枝が特徴です。

水やり

頻度は？

良い環境にいるソフォラの吸水は早いです。3日に1回は水分量をチェックすると安心。与える水の量には注意してください。根腐れしそうというイメージだけで水の量を減らすのは、かえって根を傷めることに。

室内管理をして**枯れてしまう原因の多くは、ソフォラの本当の特性を知らずに過保護にしてしまうせい**。葉焼けを気にして薄暗くするなど、本来ソフォラが求めていることとは逆のお世話をしてしまうからなんです。

さらに、そうしたお世話をする方の多くは、根腐れを怖がり、めちゃめちゃ水を控える傾向にあります。だまされたと思って一度、**ポット苗のソフォラをひと周り大きい鉢に植え替え、屋外で管理**してみてください。嘘のように簡単に育ちます。とはいえ「私は室内で育てたいんだよ！」という気持ちもよくわかります。となると、**育成ライトを使って、光の届く範囲内で剪定を繰り返していく**のが、安定して育てる方法になります。

トリセツ 10

根っこの大きな目がたまらない フィロデンドロン・セローム

どんな子？

暗くても明るくても成長する子ですが、暗くするほど葉が垂れてしまいます。最大の特徴は、根っこが露出したときの姿で、葉がついていた跡が大きな目のような形になります。現在は学名がビピナティフィダムになっています！

フィロデンドロン・セロームの栽培のポイントは、**強光管理**にあります。

売場に並んでいるようなシャキッとしたセロームは、**真上から強い光を浴びて育てられた**子

おすすめ **サイズ**は？

やはり高さ150cm程度の大型がいいのですが、小型でも露出した根をたのしむことはできます。根が膨らむまでは地中で育て、育ったら根の周りから土を剥がして露出させる、「根上がり」という仕立て方をして。

非常に特徴的な根っこ。

水やり

頻度は？

根の生育が早いため、土もよく乾きます。小型株なら3日に1回は水分量をチェック。水切れすると、葉柄から葉が思い切り下垂するので、水分不足はわかりやすいです。大型株は1週間〜10日に1回を目安に。

小さいうちは葉の切れ込みも浅い。

たちです。そんな子たちに**弱い光を、しかも横から当てると、途端に樹形が崩れ、葉が広がって垂れて**きてしまいます。窓と太陽の位置関係（P26イラスト参照）に注意して、**葉全体に強い光が当たるような場所に置いて**ください。

十分に採光できる窓がない場合は、**育成ライトを当てることで樹形の維持が可能**です。ただし、7号以上の大型株は、葉も大きく、要求してくる光の量も多いです。このため、育成ライト1つだけだと、以前より小さい葉ばかり出る可能性が高いので、注意しましょう。また、育てているうちに気根が伸びてくると思いますが、**気根は切るか、土の方に誘導して土中に埋める**かしてください。

トリセツ 11

「手がかかる子ほどかわいい」はホント 個性的な葉のアロカシア

どんな子？

クワズイモを含むアロカシアたちは、低温では管理をするのが難しい子。とくに、落葉すると、そのまま腐ってしまうことが多々あります。また、こまめに植え替えをしないと、根が急に全損するので注意が必要です。

アロカシアの育成には、**植え替え、温度、光、ハダニ対策と、多方面の注意が必要。**うちにいる植物のなかでも、かなり手がかかる子です。

まず、**古い土を使い続けると**

おすすめ サイズは？

クワズイモ（アロカシア・オドラ）以外は、たいてい3号ポット苗です。なので選べる幅は少ないのですが、それも気にならないほど多品種です。とくにおすすめなのはベルベットシリーズ。葉の光沢は芸術的です。

アロカシア‘グリーンベルベット’の斑入り。

アロカシア‘ニンジャ’。人気品種です。

水やり 頻度は？

根の量を確認して、根張りが強ければ3〜4日に1回ほどを目安にするのがいいと思います。注意してほしいのは、鉢サイズを大きくしすぎた場合です。根腐れしやすいので、気になるときはサクッと鉢下げを。

急に根が全損するので、植え替えは欠かせません。また、低温になると落葉し、管理が難しくなるため、**室温15℃以上を維持**して観賞価値を保ちましょう。

　これらに加え、そこそこ**強めの光がないと葉が美しく展開しないので、日当たりの確保**が求められます。クワズイモは比較的暗所でも大丈夫ですが、葉は小さくなります。

　そして、**最大の難点がハダニ**です。わが家には250種類を超える植物がいるのですが、ハダニが住み着くのは決まってアロカシア。ホントにしんどいくらいハダニがつきますので、**高温乾燥期は毎日、害虫駆除**をしないと景観を保つのが難しいです。薬剤散布についてはP140の方法をお試しください！

絶対ほしくなる！ レア植物図鑑

探し回ってやっとお迎えできた植物たちをご紹介します。

もはやインテリア雑貨並みの明るいカラー

フィロデンドロン・ワースウィッシー‘フラバム’

観葉植物界トップクラスの明るい色の葉をもつフラバムさん。セロームに近い葉の色・形ですが、別ものです。育てやすいものの、生産者さん曰く「たまに生理現象のように全落葉する」らしい。

フィロデンドロン ‘フロリダ・ビューティー’

くっきりとした模様に洗練された造形が特徴のフロリダ・ビューティーさん。ひと目見ただけで脳内にその姿が焼きつきます。仲間にはフロリダゴーストミントやペダツムなども。

ピンク嫌いな人でも惚れるピンクofピンク

見たら最後、お迎えせずにはいられない

フィロデンドロン‘ピンク・バーキン’

今や100円ショップにもバーキンが並び始めましたが、色違いの子が登場です。その名も「ピンク・バーキン」。新芽の出始めから展開した後まで見飽きない子なので、入荷したら即ゲットしてください。

マドカズラ（斑入り）

穴のあく奇妙な植物として有名なマドカズラの、斑入り個体です。葉ごとに斑の入り方が異なるので、一生見飽きない植物です。

緑と白と空間だけなのに美しい

マドカズラの進化系？

モンステラ・オブリクア‘ペルー’

マドカズラにダークな力が宿ったような禍々しい見た目。この細い葉でよく光合成できるものです。まさか、これが闇の力…！

この形どこかで見たことあるぞ…

ラフィドフォラ‘テトラスペルマ’（斑入り）

この子は「姫モンステラ」という通称で流通している植物の、斑入り個体です。斑の固定がなかなか難しく、緑一色に戻りがちだとか。こういう栽培が難しい子は価格がずっと高いままです。

これでも
クワズイモなんです

アロカシア・オドラ
‘バリエガータ・バティック’

恐ろしくおしゃれなクワズイモ。散り斑がたまりません。ただ、こういう白っぽい色をしたアロカシアは、ハダニがついたとき発見が遅れやすいので、注意したいところです。

バキバキに波打つ葉が
特徴の希少植物

アンスリウム・ベイチー

他に類を見ないこの特徴的な葉がたまりません。こういう葉をもつのは、植物の生存戦略による進化の結果です。原種系のアンスリウムに興味が出たら、ぜひこのベイチーを。

フランスゴムの木の名で
おなじみルビギノーサ

フィカス・
ルビギノーサ（斑入り）

一般的なフィカスの緑一色の葉からは想像もつかないほど、ド派手リーフに育ちます。枝分かれしやすい印象で、出会ったときはぜひともお迎えしてほしい品種。見かけないわりに値段は手が届きやすい。

フィカス・ミクロカルパ‘パンダ’

超有名なガジュマルの希少品種。葉が丸いのが特徴で、人気が高いです。ただ、少し繊細なところがあって、植え替えで事故りやすいイメージ。十分に根鉢ができたときにだけ植え替えたいところです。

別名パンダガジュマル

まるでアート！な葉をもつ植物

アグラオネマ・ピクタム

迷彩柄のようなアグラオネマ。さまざまな品種が生まれているアグラ界のなかでも、知名度はかなり高いはず。次々出てくる新しい模様にきっとハマりますよ。

葉をたのしむためのスパティフィラム

スパティフィラム‘ピカソ’

スパティフィラムと言えば花が咲きやすい観葉植物ですが、ピカソは葉に模様が入るので、そちらもたのしめる子です。同じ仲間にセンセーションがありますが、こちらは先祖返りしやすいです。

column

2

観葉植物の葉の模様をきれいに出すには？

植物のなかには白い模様のある子がいます。そういう子は、お迎えした当時は模様がくっきり鮮やかだったのに、次第に色が滲んだり、傷んでしまったりすることが多々あります。

色が滲むのは、光量の不足が原因です。模様をもつ植物のことを「斑入り」と言うのですが、斑入り植物のお手入れについて、よく「白い斑の部分は葉焼けしやすいので、光に当てすぎないように」などと書かれています。この文章を「暗いところに置く」と捉えると、失敗してしまうんです。真夏の直射日光にだけは気をつけて、あとは光をたっぷり与えないと、白い部分に緑色が混ざった葉になってしまいます。イメージとしては、わずかな緑色の部分でも十分に光合成できるように光を用意してあげる、という感じです。

一方、傷んでしまう原因はというと、湿度の急激な低下です。湿度計をよく確認すると、いきなり70％から50％に落ちているなど、湿度は変化が激しいんです。長くきれいな模様を保ちたいなら、湿度の安定を目指しましょう！

傷んだ斑入りのモンステラ。

CHAPTER 3

植物が元気になる！
お手入れのコツ

植え替えって面倒…。本当にやる必要あるのかな？

いや、めちゃめちゃ重要なんですよ、植え替えって！「地球」という鉢と比べたら、家庭で使う植木鉢は豆粒のように小さく、その土に蓄えられる栄養もごくわずかです。そのため、**鉢で1～2年植物を育てると、土の中の栄養が空っぽになり、**植物がきれいな葉っぱを作ろうにも、材料が足りなくて困ってしまうことになるんです。

ここに追い打ちをかけるのが、化成肥料の使用です。**肥料には有機肥料と化成肥料の2種類**があるとお伝えしましたが、室内栽培では、ニオイや虫の発生を避ける観点から化成肥料が好まれます。ただ、この**化成肥料を使い続けていると、土の中にいる微生物たちの食べものが不足し、微生物の数が減少**してしまうんです。**すると土の団粒構造が崩れ、植物にとって良い土壌環境とは言えない状態**になってしまいます。この団粒構造の土とは、細かい土の粒が固まってだんご状になっている土壌のこと。土の粒がある程度の大きさの塊になることで、土の中に多くの隙間ができるため、空気や水がたくさん含まれるようになるんです。

土は、使用した瞬間から劣化が始まる、ということを、理解しておかなければなりません。植物が健全に育つためには、栄養も土の団粒構造も欠かせない要素です。だからこそ、**植え替えという手段を通じて、常に土を良い状態にリセット**していくことが必要になるんです。

リキダスは微生物のご飯になる

リキダス（p31）に含まれるアミノ酸は、根っこの周りに住む微生物たちのご飯にもなっているんです。ですから、定期的に与えることで微生物が増え、植物も健全に育ってくれます。

ポットのままの植物にもご注意

買ったときに植わっていたポットのまま育てている植物も要注意。土がガチガチに固まり、質が悪くなりやすいです。

アロカシアで芋掘り体験

なんと、アロカシアなどを植え替えるときは、芋掘りが一緒に体験できます！　この芋を育てれば株を増やすこともできます。

アカシアの鉢の中

観葉植物というより庭木ですが、根の生育が爆速のアカシアやユーカリは、鉢で育てるとすぐに鉢内が根で埋め尽くされます。すると頻繁に水切れして、落葉したり葉がパリパリになったりします。

調子を崩したフィカス・レリジオーサ

土が劣化してくると、地上部に傷みが目立ち始めます。

植え替えに必要な道具

これだけは用意したい＆あると便利 植え替えするときに使うアイテム

植物の植え替えに必要なものと言えば、新しい鉢に新しい土…まではすぐに思いつきますよね。ただ、これ以外にも必要なもの、あると便利なものがたくさんあります。まとめて左のページに紹介しておきます！

鉢だけを例にとってもなかなか奥が深いんです。**鉢は3種類用意しておく**方が安心です。

まずは、素材やデザインにこだわった、**今より大きめの鉢**。これは植物の生育が順調なときに使う鉢です。

2つ目は、**今と同じサイズの鉢**。植え替えようとしたら思ったより根が張っていなかった、なんてときに使う鉢です。側面に深いスリットが入ったスリット鉢や、排水性・通気性の良い菊鉢など、生産者さんが使うタイプの鉢を仮の鉢として使うのも有効な方法です。

3つ目は、**今より小さい鉢**。植物は常にベストコンディションで植え替えができるとは限りません。例えば、根腐れで根っこの大部分が死んでいるときに、大きな鉢しかなかったら、**大量の土によって根の周囲の水分が多くなりすぎ、少ない根ではうまく水が吸えず、調子を崩して枯れやすくなる**んです。なので、鉢は多めに用意しておく方が安心です。

土も新しいものを使いましょう。古い土は栄養がなくなっていることがほとんどです。どうしても**同じ土を使うなら、再生材を混ぜればふかふかな土**に戻ります。

意外と役に立つ初期鉢

植物を購入したときに使われていた「初期鉢」は、意外と役に立つことがあります。邪魔にならないところに、邪魔にならない量を保管しておくのは、全然ありです。

必ず用意するもの

❶サイズ違いの鉢（今と同じ大きさ、今より大きいものと小さいものの3種）❷新しい土（無機質のものと培養土や専用土）❸土入れ器 ❹剪定バサミ（枝を切る高性能なものと根を切る安いものがあるとなお良い）❺鉢底ネット

あると便利なもの

❶リポットシート（床を汚さずに植え替え可能）❷ふるい（無機質の土の微塵《みじん》（p98参照）を取り除く）
❸逆作用ピンセット（根を崩すときや手で触りたくないものに）
❹カッターナイフ（ハサミで作業しにくいものや芋系の植物を整えるときに）
❺活力剤（植え替え前後に与えると根の活着がスムーズ）
❻ミニ温室（小さく弱い株を植え替えたときの湿度保持に。ビニール袋でも代用可能）
❼水ゴケ（ビカクシダの植え込み時やモンステラなどを挿し木するときにも）
❽鉢底石（土の量の調整などに便利。使わなくてもOK）

植え替えの基本は鉢を今より大きくする「鉢増し」

最も**基本的な植え替え方法と言えば「鉢増し」**。鉢増しとは、名前の通り**「鉢を大きくする」**ことです。

植物を鉢で生育させると、土の中に根を張り巡らせ続けることになります。鉢には物理的な大きさがあるので、**永遠に根を伸ばし続けることはできず**、いつかは限界に達してしまいます。そうした株を放っておくと、頻繁に水切れを起こしたり、肥料がうまく行き渡らなかったりと、トラブルが増えるんです。

植物を育てていると、この手のトラブルが頻出しがちなので、植え替えでは鉢増しをすることがいちばん多いです。と言うのも、この**トラブルは、植物が新しい根っこを気持ち良く伸ばせるようにしてあげることで解決**できるからです。

鉢増しの注意点として、**「いきなり大きな鉢に植えるな」という大原則**があります。植物の根っこの性質上、**大きな鉢に植えてしまうと、根っこが健全に育たなくなることがある**からです。根っこは、周囲が乾燥してきたなど、状況が変化してきたときになってはじめて、今よりも快適そうな方へと伸びる性格です。人間だって、安定した空間からは出たくないですよね。大きな鉢は大量の土を蓄え、常に水分が豊富なので、植物はガンガン根を伸ばそうとは思いません。植物は乾燥が命に関わることを理解しています。だからこそ、乾燥すると水を求め、しっかり根を伸ばしていくんです。

鉢増しの鉄則は＋３cm

一度の植え替えで大きくしていい鉢のサイズは「今の直径＋３cm」まで。サイズアップは、鉢サイズ１号分ずつするようにしてください。１号鉢＝直径３cm。８号鉢なら直径24cm、10号鉢なら直径30cmです。

鉢のサイズアップ

基本的には毎回1号分、少しずつサイズを上げていきましょう。

屋外なら2サイズアップも可

屋外で管理することが多い株は2サイズアップもOKです。なぜなら、外では太陽と風が土の水分を奪ってしまうから…。

根鉢（根と土がひと塊になった部分）が大きくなっています。この状態ならいつでも鉢増しOKです。

土の乾燥は鉢の形状によっても変わる

乾燥しやすい鉢を使っているなら、鉄則にとらわれず、植物を見て鉢増しを判断しましょう。彼らの水切れサインを見逃さないようにしてください。

植え替えタイミングがきたフィロデンドロン

植え替え・植え直し

いちばんきれいな姿をたのしむなら鉢サイズを変えない「植え直し」

植物を育てていると、「これ以上大きくなったら、お世話するのが大変になるな」と感じる瞬間がくるはずです。植物の植え替えでは、たとえ根鉢（p89）ができ上がっている子でさえ、**必ずしも大きな鉢に植えてあげる必要はありません**。大きな鉢に植えると、どんどん成長していってしまうからです。ではどうすればいいかというと、「植え直し」が有効な手段になります。

植え直しの際は、すでに伸びている根っこを1/3程度切り、根の伸びるスペースをあらたに作る、という作業をします。多少先を切っても、スペースさえできれば、根っこは再びその空いたスペースに向かって成長していくので大丈夫です。

植え直しは、**鉢のサイズを変えずに元気に育ってもらうには必須の作業**となるので、ぜひ挑戦してみてください。**同じ鉢で管理を続けていくと、幹などがしっかり太く育つ**ので、毎年風格を増し、美しい姿になっていく植物の成長をたのしむことができますよ。

とはいえ、植え直しには注意点もあります。**ただ根を切るだけでなく、土も更新することを忘れない**ようにしてください。とくに、植えて2年以上経った株や、お迎えしたときの土に植えられたままの株は要注意です。**なるべく古い土を落とし、きれいな土で包んであげる**ことをおすすめします。劣化した土は根腐れを引き起こすので、気をつけて！

なぜ根っこは1/3までしか切れないの？

いきなり根っこの大半を失うと、葉からの蒸散（植物の体内の水分を水蒸気として発散すること）が強くなりすぎて、一気に枯れる可能性が高くなってしまいます。植物に重い負担をかけることになるんです。

根っこの1/3ってこのくらい

この2つの鉢、同じサイズです

見た目は違うけど使う土の量は同じです。

サークリング（鉢の底に沿って根がぐるぐると渦を巻くように伸びている状態）していた場合は、伸ばしてからカットして。

同じ鉢で植え直したフィカス・リン

植え替え・鉢下げ

生育状況や根の状態によっては鉢サイズを小さくする「鉢下げ」を

いつかは直面するかもしれない、植物の緊急事態。それが、**植物が急激に調子を崩す「根腐れ」**です。そんなときは、落ち着いて**「鉢下げ」**を行ってみましょう。

鉢下げとは、今使っているものよりも鉢のサイズを小さくして植え替えることを指します。その際、注意してほしい点が2つあります。

1つ目は、鉢下げのときには、替える鉢のサイズが無制限であることです。鉢増しのときは鉢を1号分ずつ大きくしていくべきだと言いましたが（p88参照）、鉢下げを行うときは、**残された根っこに合う鉢のサイズにしてあげる**ことが非常に重要なんです。なんなら**少し小さめの鉢でもかまいません**。

2つ目は、同時にしっかり**土を入れ替える**ことです。根腐れが起きた土は、すでに植物が育つのに適していない土となっています。**同じ土を使っていては、かろうじて生き残った根っこさえ枯れてしまいます**。必ず新しい土に替えるようにしましょう。

あまり出番のない鉢下げかもしれませんが、もしもの際に植物の命を繋ぐ大切な作業ですので、ぜひ覚えておいてください。また、**植木鉢は多様なサイズを持っておく**ことをおすすめします。そして、そもそも**根腐れをさせないために大切なのは、植え替えの際、鉢のサイズを慎重に大きくしていく**ことなんです。

根腐れの原因には乾燥も？

水が多すぎるときだけでなく、乾燥による根腐れも意外にあります。新しく伸びた根っこは乾燥に弱いんです。なので、水が足りないと傷みやすくなり、次回の水やりで傷んだ部分の腐敗が始まってしまうのです。

2本植えてあるうち、左側のパキラが根腐れしました。こういうときは鉢下げで1本植えにしてください。

側面にスリットが入ったスリット鉢など、なるべく排水性の良い鉢が望ましいです。

右のアロカシアの根をカット。一度腐り始めた根っこはいつまでも腐り続けます。新しい鉢には持ち込まないように。

子株が出ていますが、親株の大部分の根が茶色く根腐れしています。

植え替えの時期

植え替え前の確認事項 それは新芽の展開と周囲の室温

「植え替えはいつしてもいいのですか？」「まだ植え替えできますか？」「もう植え替えしていいでしょうか？」――植え替えに失敗して植物を枯らしたくないみなさんから、よくこういった質問を受けます。そこで知っておいてほしいのが、**植え替え可能かを判断するポイントは2つある**ということです。

1つ目は、**新芽が展開しているかどうか**です。植物の**新しい芽が伸びているということは、明確な成長サインになるので、安心して植え替えができます**。なるべくなら新しい葉が伸び切った後に植え替えてあげると、植物たちにとってよりやさしい植え替えになります。

2つ目は、**植え替えたい植物の周囲の温度が適温か**どうかです。冬だから、夏だから、という問題ではありません。植え替えたい子が「今、どこにいるか」が問題なんです。室内で管理する植物にとっては、室内は自然そのもの。ですので、**気温ではなく、室温で適温かどうかを見てあげる**ことが大切です。

では、**適温とは**何度なのかというと、**最低気温が15℃以上で最高気温が30℃以下くらい**になります。季節でいうと、**春下旬から梅雨明けまでと、秋上旬ごろ**が、この「適温」に収まることが多いはずです。植物は声こそ出しませんが、態度でめちゃめちゃアピールしてくるものです。植え替え時期も、植物の態度からきちんと察してあげてください。

1年中植え替えをすることも可能

LEDライトを使って光量を補い、冷暖房で室温を維持すれば、1年中植え替えをたのしむことができます。ただし、冬に植物をお迎えしたときは、しばらく暖かい室温で慣らし、新芽の動きを確認してからに。

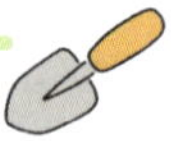

植え替え前のチェックシート

新芽が出ているかどうか確認しましょう。

室温が適温かどうか確認しましょう。画面上段は室内温度と湿度。下段は外気温と湿度。

本当に今、植え替えしないとダメなのか、もう一度確認してください。根の量が少なく、土が硬くなっていない状態なら、まだ植え替えしなくても大丈夫。

冬に買ってきたばかりの植物は植え替えを待って！室温を暖かく保って2週間は様子を見てください。

植え替え時の剪定

植え替えのときに剪定って必要あるの？ もちろんです！

植え替えのときには**剪定も必要**になります。しかし！ただハサミを入れればいいというわけではありません。大切なポイントが2つあります。

1つ目は、**植え替え時に根を切ったときは、葉も一緒に切る**ことです。植物の**根っこと葉はとても密接な繋がりをもっていて、そのバランスは常にイコール**の関係になっていなければなりません。

根っこが以前と比べて80％の量になったときは、それに合わせて葉っぱの量も80％程度まで落としましょう。そうでないと、植物は葉からの大量の蒸散による水分不足に耐えられなくなり、調子を崩す場合があるんです。つまり、**葉を切る**ということは、**蒸散量を抑える**ことに繋がっていくわけです。

2つ目は、**ハードな剪定はしない**ことです。**植え替えのときにやっていいのは、葉っぱを切るところまで。幹が丸坊主になるほど枝を切り戻したりすると、植物にとっては致命傷になる**可能性があります。ですので、強い剪定を検討中の株は、植え替え日から十分に時間を置いてから枝を切るよう、予定を組んでおく方が安心です。

理想を言うなら、**4月ごろに植え替えをして、7月の梅雨時期に剪定するのがおすすめ**です。梅雨時は光が不足するため植物が徒長しやすいので、茎のひょろっと伸びた部分をカットしていくイメージで剪定しましょう。

植え替え時の剪定はどれくらい切るべき？

大きい葉（モンステラなど）は古い葉を1枚ほど。小枝の多い植物（ガジュマルなど）は、だいたい各枝1枚ずつ、計5～6枚ほどを、古い葉から順に選んで落とします。傷んでいる葉を切るのもアリです。

植え替えするときは古い葉から切る！

株元に近い葉を葉柄から切ります。

株元に近い葉は生育初期のものなのでカットしてOK。ただし、子株の可能性もあるので葉のつき方をよく確認しましょう。

古い葉から葉柄でカットします。

陰になりそうな葉を中心に株元の葉を剪定していきます。

植え替え時の注意点①

植え替えするときは土の中の環境を悪化させる「微塵」を除いて

植え替えをした後に水を与えると、鉢底から茶色い泥水が出てくると思います。これは「微塵（みじん）」が水と混ざって流れ出てきたものです。

　園芸で言う**微塵とは、目の細かい「ふるい」すら通り抜けるような、非常に細かい土**のことです。微塵があると**排水不良を起こしやすくなる**ため、**鉢に入れる前に用土から取り除いて**おきましょう。そうすれば、鉢の中の環境をより良いものにすることができます。とくに、無機質の土を使用するときは必ずやってほしい作業です。

微塵を取り除くときに使うアイテムといえば、ふるいです。実は、ふるいは100円ショップにも売っていて、おすすめは**目のサイズが2㎜のもの**です。鉢に入れる前の**土をこのふるいにかけると、細かすぎる粒やパウダー状になった土を弾く**ことができます。こうして選別した土だけを使っていれば、鉢の中の環境がより整い、**水と空気が行き渡る理想的な土壌**になるというわけです。

　また、このひと手間を加えると**土が長持ちする**ので、長期間、植え替えせずに済みます。反対に、微塵だらけの土を使うと、根はうまく伸びていくことができず、地上部も弱々しい姿になってしまうんです。植え替えは、まさに「植物の運命の分かれ道」的なイベントになります。できることは最大限してあげた方が、植物もよろこんでくれますよ！

ふるいを使うときの注意点

作業中はめちゃめちゃ砂埃が立ちます…。周りの環境によって「ふるいなんか使えないよ」ってときは、使う分だけ土をザルなど排水性のいいものに移し、水をかけてあげて。すると、きれいに微塵が取れます。

ふるいもいろいろ

目の大きいものから細かいものまであります。おすすめは目のサイズが2㎜のもの。

微塵とはコレ!

ふるいの下の白い鉢皿に落ちているのが微塵。微塵とは小麦粉のように細かい砂のことです。風で舞い上がるほど細かいのでやっかい。

ふるいのやり方

ふるいを揺らして細かい土を落とします。砂埃が立ちやすいので外でやる方がいいです。

微塵が詰まった鉢の様子

微塵が詰まると土の中に空気の居場所がなくなってしまい、よろしくないです。

植え替え時の注意点②

植え替え中の根っこは乾燥厳禁！水に浸しながら作業しよう

土から微塵を取り除くだけでなく、植え替え作業中には注意すべき大事な点がもう1つあります。それは、作業をしている間、**根っこを乾燥させない**ということです。

今の今まで土の中にいて、ちょうどいい湿度で育っていた根にとって、空気にさらされる状態というのは結構キツイものがあります。植え替え中には、土をほぐしたり、根をカットしたりといった作業がどうしても発生するのですが、このとき**根にダメージを与えると、せっかく植え替えたのに植物の調子が悪く**なってしまった、なんてことがあるんです。そのため、**植え替え中は「植物を根ごと水に浸すこと」**をおすすめします。さらに、そのとき**浸す水に活力剤のメネデールを混ぜておく**となおいいです。

人間が植え替えなどの活動をしている昼間は、植物がとくに活発に蒸散を行っているときでもあります。根をほぐすなどの作業を水中で行うことによって、根を傷つけず、植物全体を乾燥させずに作業を進めることができるんです。こうした水中作業は、**大きなバケツ**を用意しておくと楽にできます。

可能であれば、晴れた日や炎天下の作業は避け、**曇りの日や、日の当たらない日陰など、比較的暗めな環境で植え替えてあげると、より失敗が少なく**なります。次回の植え替えからは、ぜひ植え替え中のケアも取り入れてみてください！

メネデール水の効果とは

メネデールを混ぜた水は、植え替え時以外でも根っこに良い効果を発揮します。例えば、挿し木（p128参照）の枝を入れておくと、切り口を保護する膜が形成され、発根を促してくれるんです。

ポットごと水に浸しても

ポットから植え替えするときは、ポットのままドボンと水に浸けます。

水の中で根をほぐす

カチカチに固まった根鉢も、水の中だとほぐしやすいです。

メネデール水の作り方

植え替え時に使うメネデール水の作り方。1ℓの水にキャップ1杯のメネデールを入れて100倍液に。

そもそも適温でないときは植え替え禁止

大前提として、植え替えの時期は守ってください。適温は植え替えの必須条件です！

植え替えの手順とコツ

鉢の大きさ別に解説 実際に植え替えをやってみよう！

それでは、実際に植え替えをしてみましょう。以下は、該当する鉢サイズの植物をお迎えしたときの、最初の植え替え手順です。

2回目の植え替えからは、1サイズアップか、鉢サイズは変えずに土を更新することになります。1〜3号鉢、4〜7号鉢、8〜10号鉢の3パターンで実践するので、コツをおさえて安全に植え替えをしましょう。

まずは、**1〜3号鉢の小型の植物**。とはいえ、実際は1〜2号鉢で販売している植物はほぼないので、主に3号のビニールポットなどに入った植物の植え替え手順になります。注意点としては、**レア品種ほど根の張り方が甘いため、鉢を大きくしすぎない**ことです。同サイズの鉢への植え替えでもいいくらいです。逆に普及種の場合、**ガチガチに根が張っているものは、必ず鉢をサイズアップさせて植え替え**しましょう。

4〜7号鉢に入っている株は、根が張り切っているものが多い印象です。もちろん、根張りの状態を見ながらにはなりますが、だいたいは**サイズアップして植え替えする**ことになるでしょう。

最後の、**8〜10号鉢に入った大型株は、たいてい強い根鉢を作っていて、土も劣化している場合がほとんど**です。ただし、大きな植物は丈夫なので、すぐに植え替えしなくても、しばらくなら同じ鉢と土でも耐えてくれるはずです。

お迎えしてすぐの植え替えはOK？

真夏と真冬はリスクが高いのでやめておきましょう。適温にして2週間は間を置きたいところです。春と秋ならお迎え後すぐの植え替えでもさほど問題ないですが、「植え替え後の注意点②（p108）」を参照して管理を。

1～3号鉢の植え替え

モデル／アロカシア・アマゾニカ（ドワーフタイプ）

1 鉢ごと水に浸す

あればメネデール入りの水を容器に溜めて、その中に鉢ごと浸し、根に十分水を吸わせておきます。30分から1時間ほどで大丈夫です。

2 根の周りの土を除く

虫の混入もありえるので、根の周りの土を除きます。気にしない方は、底面から1/3ほどの根を軽くほぐす程度でも大丈夫です。有機質から無機質の土に替えるなら、土をきれいに取り切りましょう。

3 根をカットする

根の全体像が見えたら、使いたい鉢のサイズに合わせて根を切ります。

4 鉢に植物を入れる

鉢に鉢底ネット（鉢の穴が1つの場合に使用）や土を入れ、根っこがふんわり広がるようにセットします。

5 鉢に土を入れる

鉢の中に土を入れて完成です。最後にたっぷり水を注ぎ、微塵が残らないようにします。その後、リキダスを混ぜた水を与えておきましょう。

Point

こんなに たくさんの子株が

ひと鉢の植物に、こんなにたくさんの子株がついていました。

4～7号鉢の植え替え

モデル／ツピタンサス

1 鉢を水に浸す

大きめのバケツに水を張り、その中に鉢ごと浸しておきます。メネデールを持っているなら混ぜておきましょう。

2 根をほぐしてカット

絡んだ根と土をほぐします。傷んだ根や異様に伸びている根があれば、このときに除いておきましょう。

3 鉢に植物を入れる

新しい鉢に少し土を入れます。なるべく根と根の間に土が入るよう、根を広げながら鉢に植物を入れます。また、深い位置に植えすぎると根っこが傷むので、注意して。埋め込み具合は今までと同様にしましょう。

4 土を入れ、水を与える

土をしっかり入れた後は、水でしっかり微塵を流します。透明な水が鉢裏から出るようになったら、リキダスを混ぜた水を与えてください。手順❷で根を切っていた場合は、古い葉の剪定もお忘れなく。

8〜10号鉢の植え替え

モデル／ドラセナ・リフレクサ

1 床にシートなどを敷く

大型観葉植物を植え替えるときは、土が飛散するので、床に新聞紙やシートを敷いて掃除しやすい状態にしておきます。

2 根鉢の下の方をほぐす

鉢を大きくしすぎると管理が大変になるので、今回は「植え直し」を行います。まずは根鉢の下の方をほぐします。

3 土を除いて根をカット

思ったよりも根っこが少なくて土が簡単に取れそうなので、土を全部除きます。この辺りは株によるので、取れない場合は無理せずでOK！もし根が伸びすぎていた場合はカットを。

4 土をみっしり入れる

鉢に土を少し入れてから、植物を入れます。鉢奥まで土がみっしり入るよう、鉢をトントンしつつ、土を満タンにしていきます。

5 水をたっぷり与える

水をたっぷりかけて微塵を流し、さらにリキダスを混ぜた水を与えます。

6 幹を固定する

大型観葉植物は重量があるため、植え替え直後は幹がグラグラするので、フィルムラップを使って幹を固定します。

Point 大きな植物は床に寝かせない

大型観葉植物は、床にベタッと置いて作業すると先端の葉が折れやすいので、幹など葉がない部分をイスに寄りかからせるといいですよ！

植え替え後の注意点①

植え替えした後は一段暗い場所でゆっくり休ませてあげよう

上手に植え替えできた！と思ったら、植物が急にぐったりして枯れていく…ということがたまに起こります。園芸作業のなかでも、とくに精神的ダメージが大きい出来事なのですが、これには理由があります。**植え替えした後に、植物を今まで置いていた場所に戻してしまったから**。すると、元気だった子でも急に弱る、なんてことが起きるんです。

このため、**植え替え後は、前よりも一段階暗い場所に移してあげる**のがベターな管理になります。例えば、屋外の日当たりのいい場所に置いていた子なら、日陰に移動させる。室内の窓際にいた子なら、部屋の奥に移動させます。この移動には、「暗い場所＝1日を通して環境変化が少ない場所」に置いて、植物を早く回復させよう、という狙いがあります。

さらに、**植え替え後にリキダスなどの活力剤を与えると、水だけを与えた場合よりも早い回復が期待できます**。お持ちの方は積極的に活用していきましょう。

一時避難中の植物たちは、**48時間〜1週間程度あれば、十分に回復する**と思います。これが避難期間の1つの目安です。とくに、**新芽が出そうな様子が見えたら、**もう元気になっているので、**しっかり光に当てて**ください。そして「新芽が出た」という合図と共に、液体肥料も与え始めましょう。施肥の詳細スケジュールは、「肥料のマイルール（p36）」をチェックして！

枯れるときは枯れる…

そうはいっても、植物は枯れるときは枯れます。その傾向が強いのは真夏です。なので、植え替えや植物の扱いに慣れていない方は、8月中の植え替えは避けた方が無難です。

植え替え後は植物を密閉してあげるのも有効！

鉢カバーを使う

大型の植物は、鉢カバーの中に戻してあげるだけでもOK。

袋で密閉する

高湿度で管理したいシダ植物やカラテアなどは、大きな袋で丸ごと包んであげるといいです。袋が潰れやすいので、ラン用の支柱を袋の骨組み代わりにしてもOK。

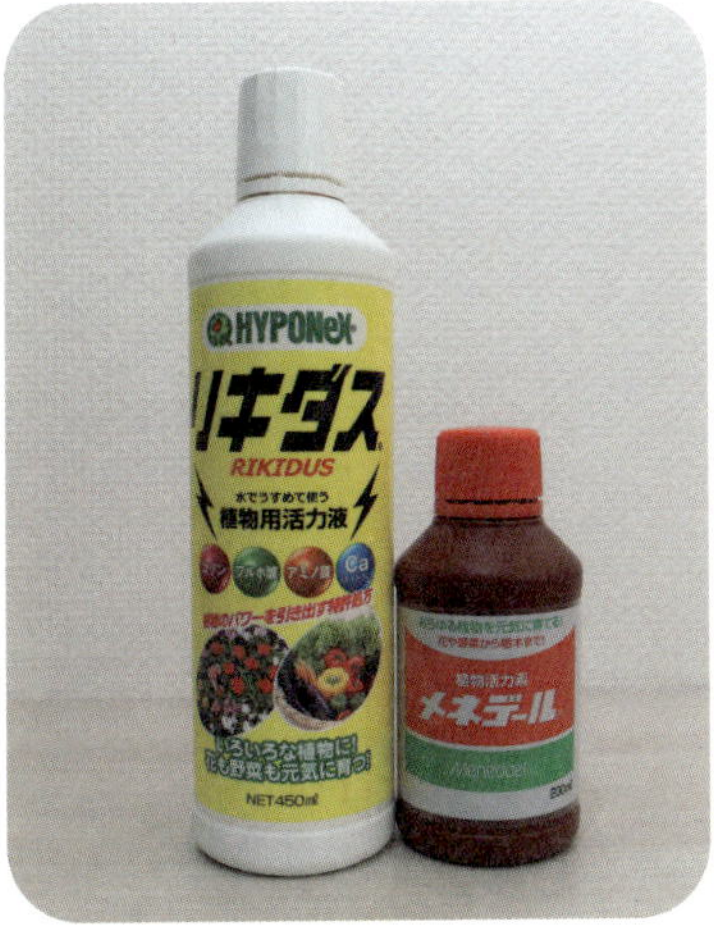

植え替え後に使うといい活力剤たち

メネデールやリキダスは、持っていると何かと役に立つので、ぜひご準備ください。

ミニ温室もおすすめ

小さいポットは、IKEAのミニ温室に入れてあげると管理しやすいです！

植え替え後の注意点②

植え替えした後の置肥はNG 植物の根を傷める原因に

植物にとって肥料は大切なものですが、植え替え直後には与えてはいけないものでもあるんです。

肥料は、量や濃度を間違えると、根を傷めてしまう原因になります。みなさんは、根っこってストローで水を吸うように、簡単に周りの水を吸い込んでいると思っていませんか？ 実際は、根は浸透圧を利用して、土の中の水分を体内に取り込んでいるんです。この取り込んだ水分は、蒸散によって葉まで引き上げられる仕組みになっています。

植え替え後に肥料を与えられた根の状態は、簡単に言うと、塩漬けにした野菜がしんなりしていくイメージ。たっぷり塩をまぶされた野菜の水分は、みるみるうちに外に出ていってしまいますよね。恐ろしいことに、肥料によってたっぷり栄養を与えられた根っこでも、同じような現象が起きるんです。

もし、**植え替え間もない株に肥料を与えようものなら**、成分がどんどん水に溶け出していき、鉢内の土に肥料の高濃度エリアが生まれてしまいます。すると、**植物の根っこから水分がどんどん外に出ていって、次々としおれていく**可能性があるんです。なので、**植え替え後の施肥は避ける**ようにしてください。

初心者の方はとくに、活力剤と液肥を混同しないように注意してくださいね。**活力剤のリキダスは与えてOKですが、肥料のハイポネックス原液はダメ**です！

追肥はNG、元肥ならOK

肥料はダメだと言っておきながら、元肥はOKなんです。それは、追肥は水でガンガン溶ける性質なのに対して、元肥は溶け出す時間などが調整されているため。追肥で発生するような肥料焼けは起きないからです。

元肥と追肥…植物を植えつけるときに与えるのが元肥。後から肥料成分を補うために加えるのが追肥。

元肥と追肥の見分け方

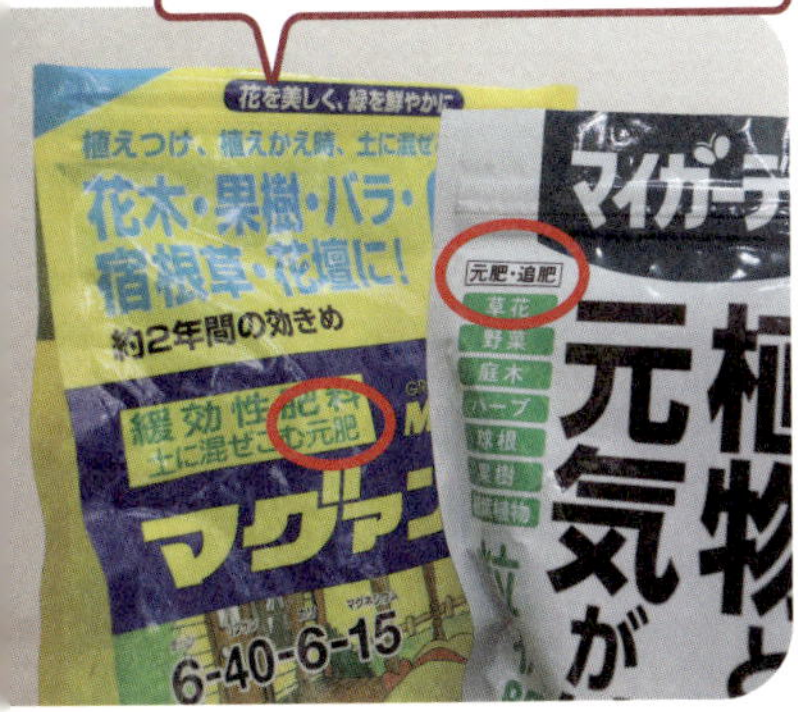

元肥はパッケージにしっかり「元肥」の記載があります。何も書いていないものはすべて追肥として扱いましょう。

アンプル剤は挿した方がいい?

あえて使わなくてもOKです。むしろ元気なときにこそ使うべき。

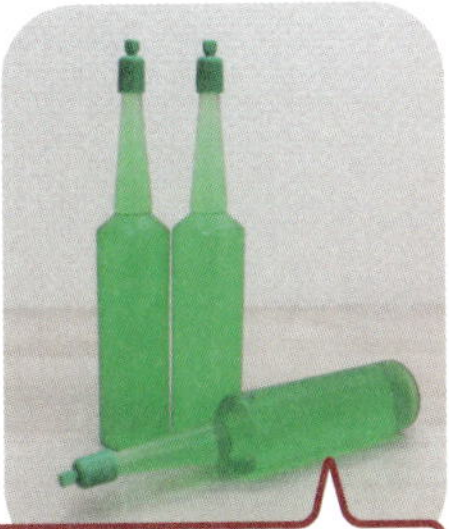

元肥の定番マグァンプK

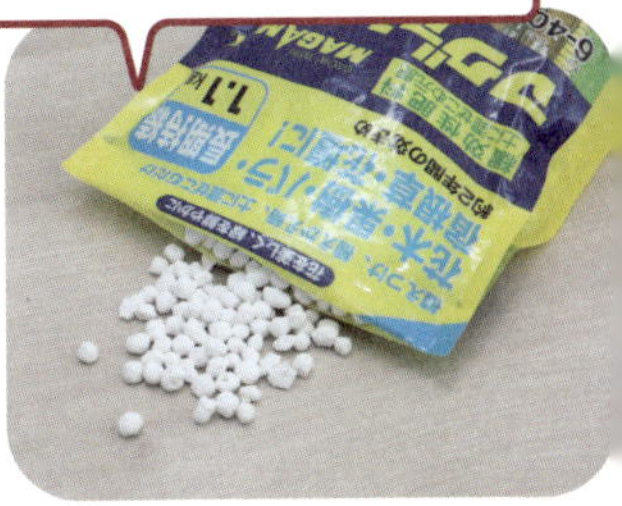

使用している人も多い元肥の定番です。元肥は植え替えと同時に使用可能です。

肥料が多いとこんなことに!

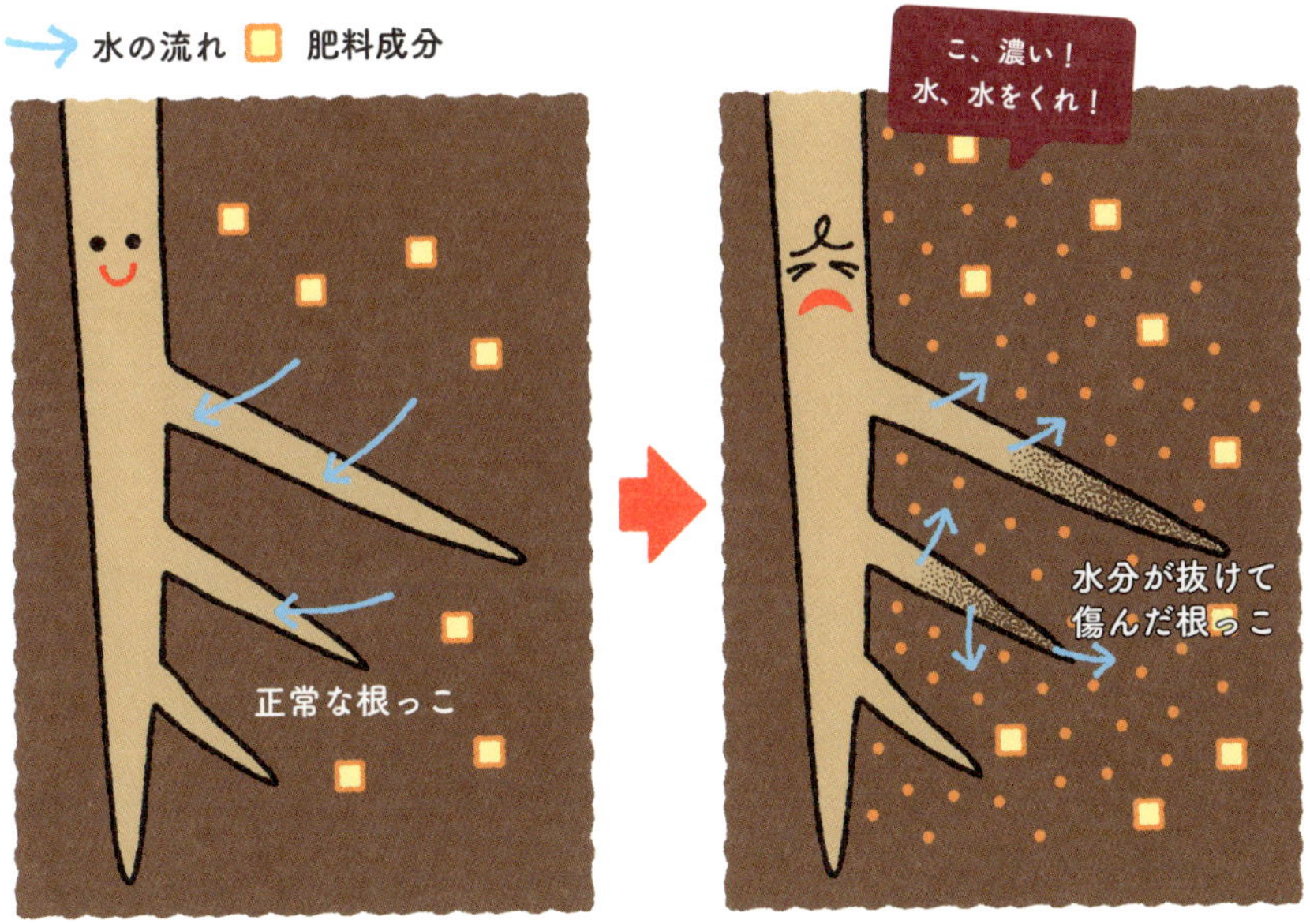

肥料の量が適正な土の中　　肥料を入れすぎた土の中

剪定の必要性

大きく育てたいのになぜ切るの？ それは日当たりを確保したいから

結論。**剪定、めっちゃ大切**です。とくに、フィカスやエバーフレッシュなど、**樹木系の観葉植物を育てるときは、必須の作業**になります。

というのも、本能によって**他の植物よりも高く、早く伸びたい植物たちにとって、たいていの家の天井はあまりにも低すぎる**からです。なかでも、エバーフレッシュのように生育力が旺盛な子は、1年の間にグイグイと天井に近づいていってしまいます。

みなさんは窓の前は明るい場所だと思っているかもしれません。実際、明るくはあるのですが、実は**窓の半分より上は意外と光が当たらない場所**だったりするんです。さらに、**建物上階にベランダがある窓の場合は、太陽光の差し込む角度の関係で、非常に光が届きにくい環境**になっています。

植物は暗い環境では葉を身につけておくことができないので、**光が足りないと株元の葉から落葉が広がります**。すると、株の上の方だけ葉っぱが残り、下の方は葉っぱが全然ない、寂しい樹形になってしまうんです。

そんな樹形にさせないためにも**「株全体にしっかり光が当たっているか」を意識しながら、適切に切り戻す剪定をしてあげる**ことが大切です。一方で、植物の置き場所が吹き抜けの下で、高いところにも窓がある場合は、思う存分伸ばしてもOKです！

夏と冬の光

太陽の角度によって部屋の中に入ってくる光は増減しますが、季節関係なしに、建物上階にある部屋のベランダ窓付近は、光が足りない傾向が強いです。そういうときは、植物育成ライトでフォローしてあげましょう。

そろそろ剪定のタイミングがきているフィカス

光の確保が難しくなってきたのか、先端の幹が細くなってきています。

窓枠を超えそうなフィカス

天井付近の葉は弱々しい。育成ライトでたっぷり光を浴びさせて葉の勢いを維持しましょう。

夏と冬の光の入り方

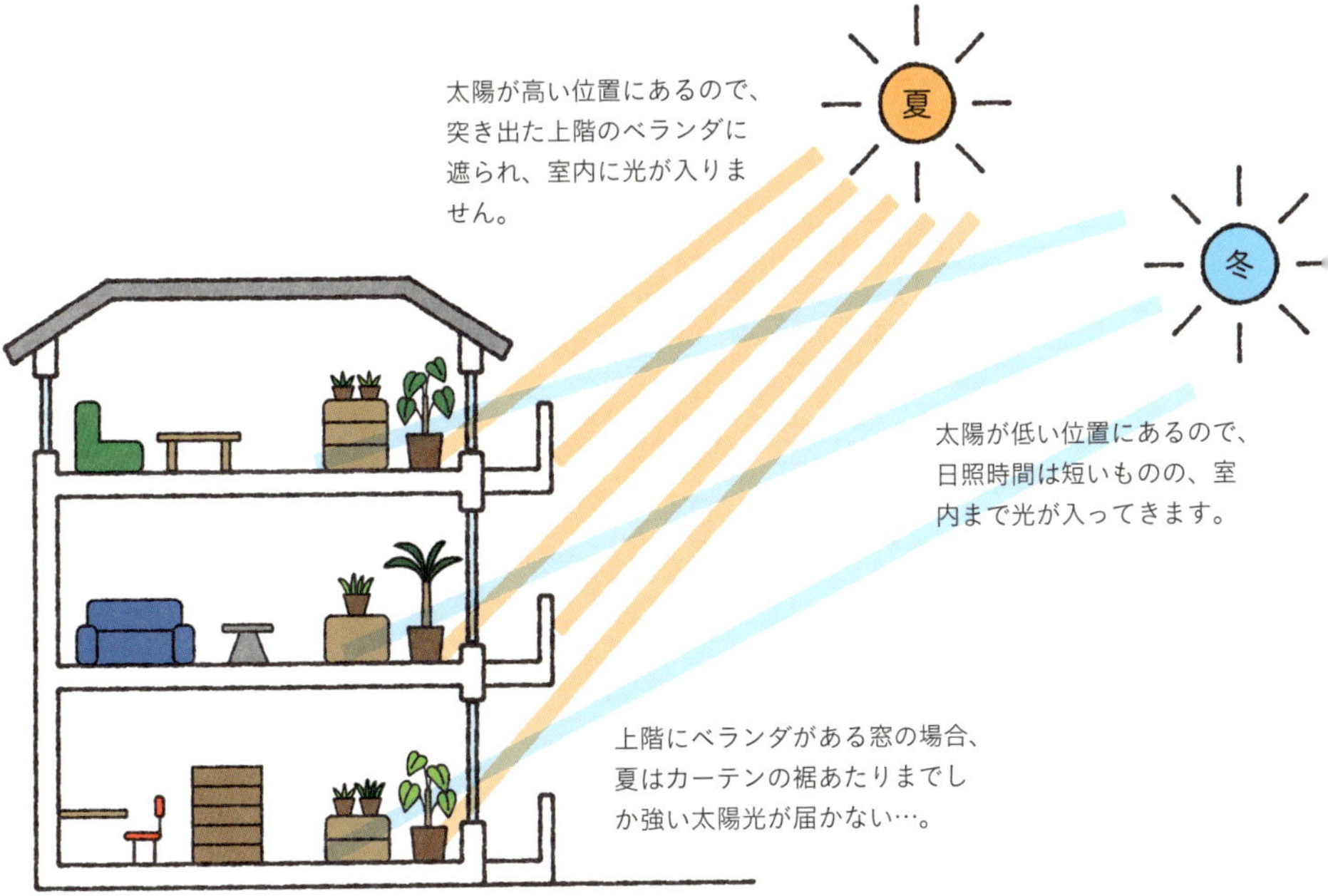

太陽が高い位置にあるので、突き出た上階のベランダに遮られ、室内に光が入りません。

太陽が低い位置にあるので、日照時間は短いものの、室内まで光が入ってきます。

上階にベランダがある窓の場合、夏はカーテンの裾あたりまでしか強い太陽光が届かない…。

剪定のもたらす効果

剪定すれば枝が増える かっこ良くなるために伸びろ腋芽！

植物たちには**「頂芽優勢」**＊というシステムが備わっています。これによって、他の植物より早く太陽に近いところへ枝葉を伸ばすための、栄養の送り先を調整しているんです。

　植物には、**幹と葉柄の付け根に「腋芽（えきが）」という隠れた成長点**があります。あちこちにつく腋芽が、おのおの勝手に成長しないのは、先ほどの頂芽優勢が機能しているからです。そして、この**頂芽優勢をコントロールしているのが、いちばん高いところにある新芽（頂芽）**になります。

　植物は、**いちばん高い頂芽を失うと、**腋芽たちに「このまま真上に伸びたらダメだ！」と大号令を発します。号令がかかると、**頂芽を切られる前の状態から数えて2番目、3番目に高い位置にある腋芽を中心に、成長を開始**するんです。

　この仕組みは、自然界では台風などによって稼働するのですが、剪定で頂芽をカットすることによって、同様の状態を作り出すこともできます。つまり、**1本の枝がまっすぐ伸びている植物も、高いところの芽をカットすることで、左右に枝数を増やすことができる**んです。元気な株であれば、頂芽を切ると、たいてい2～3本の腋芽が伸びてきます。逆に、弱っていたり、若すぎたりする株だと、1本の腋芽だけが伸びてしまう場合もあります。ですので、**万全の状態かつ適切な時期に剪定することが大切**なのです。

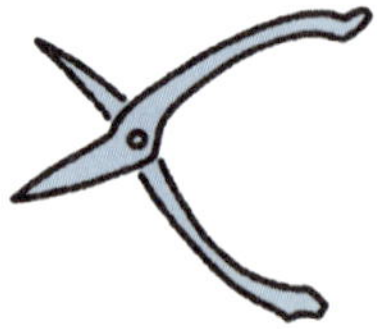

剪定なしでも株元に新芽が出る

ポトスなどのよく伸びる植物の場合。剪定をしなくても、株元の方にたくさんの光を当て、枝の伸び切った先を暗くて低い位置に垂らしておくと、株元から新しい芽が伸びてきます。ぜひ試してみてください。

＊頂芽優勢…いちばんてっぺんにある芽（頂芽）を優先して成長させるシステム。

剪定して複数の芽が出た
エバーフレッシュ

剪定して複数の芽が出た
カシワバゴムノキ

剪定して複数の芽が出た
フィカス・ウンベラータ

剪定したのに1本しか芽が
出なかったフィカス‘ルビー’

剪定に向く時期、向かない時期

剪定のベストシーズンは梅雨 ワーストシーズンは…

植物を剪定するには、時期が非常に大事なポイントになります。**最もおすすめの時期は梅雨ごろ**です。梅雨の時期は、温度や湿度といった条件がほぼ最適な状態になります。ただし、雨が多い気候のせいで、光は足りていません。ところがそれもまた、僕が梅雨は剪定にぴったりの時期だと言う理由の1つになっているんです。

温度が適切で、光が少ない環境にいる植物は、急激に徒長してしまいます。このため、梅雨は樹形が乱れやすい時期でもあります。**乱れてしまった枝葉を整理する、という剪定の目的も踏まえると、梅雨時期のカットが望ましい**、ということになるんです。

逆に、**カットしない方がいいタイミングは、11月**です。晩秋~冬は、低温と低日照によって光合成の効率が落ちます。そんなときに葉を減らしてしまうと、光合成によるエネルギー獲得量がさらに減り、葉からの蒸散量も減るため、根からの水の吸い上げが鈍くなります。つまり、寒い、暗い、元気が出ない、土が乾かない、という植物が最も枯れやすい状況になってしまうんです。

とくに**強い切り戻しをするときは、季節を加味して剪定の計画**を立てましょう。ただし、冬も暖房を使用する暖かい室内に置き、植物育成用ライトで光を補い、たっぷり光合成をしている植物は、季節を問わず剪定が可能です。

枯れ葉を切るのはいつでもいい？

変色し切った葉や、枯れた葉を切るのは、季節に関係なくいつでもOKです。このタイプの葉はすでに離層（葉が落ちる前に葉柄にできる特殊な細胞層）ができていて、植物も落葉させる準備が済んでいます。

時期を問わず切れるのはこんな葉っぱ

傷んだ葉はどこから切る？

葉っぱをたくさん切りすぎなければ、傷んだ葉は葉柄から切ってかまいません。

剪定前の注意点

剪定の前だけど気になる葉の変色 傷ついた葉はすぐに切るべき？

傷んだ葉は切った方がいいと考えている方も多いと思います。ですが、僕はほとんど切らずに残しています。というのも、**植物たちは不要と判断した葉であれば自分で落葉させる力をもっている**からです。

植物を育てていると、急に葉が黄色くなって、ポロッと取れることがあります。これは、植物自身が「ここの葉っぱは、陰になって光合成がうまくできないからいらないな」と感じているためです。植物そのものに、何か異常があったわけではありません。

さらに露骨に葉を落とすのが、落葉樹と呼ばれる子たちです。**落葉樹は、11月ごろから日照時間の減少と気温の低下から冬の到来を予測して、事前に葉を落としてしまう**んです。このとき、植物たちはただ**葉を落とすだけではなく、葉に含まれていた栄養を幹に戻す**、というなんともエコな仕組みを発動します。秋の風物詩である紅葉は、この栄養輸送の過程で起きる現象だったりするんです。

つまり、**たとえ破れたり、穴があいていたりしたとしても、葉が枝に残っている以上は、葉としての役目を全うしている**最中だ、ということです。ただし、その**葉に病気が見られた場合は、切った方がいいことも**あります。残念なことではありますが、他の葉を守るためには大切な作業です。葉の病気になった植物は、しっかりとケアしてあげてください。

とはいえ傷んだ葉は見た目が…

インテリアとして観葉植物を置いている、という方も多いはず。その場合は傷んだ葉を切りましょう。ただし、なぜ傷んだのかという原因はきちんと考えた方が、葉を傷めにくくなり、見た目の美しさも保てます。

こんなに傷んでも光合成しています。

幹にシワがよって、落葉などの異変が起きたときは、根腐れの可能性が高いです。

しっかり黄色くなるまで待つとキレイにポロッと取れます。

たくさんの虫がついている葉は、カットしてしまうのも1つの手です。

剪定する枝の選定

いざ、剪定！　でも、どの枝を切ればいいのかわからない

実際に植物を剪定しようと思ったとき、どの枝を切るべきなのか、迷ってしまうことがあるはずです。迷わずスパッと剪定するためには、次のことを意識するといいでしょう。

1つ目は、**成長の早い強い枝を優先的に切る**ことです。太く飛び出てきた**強い枝は、放っておくと単独で恐ろしく伸びてしまいます**。さらに、1本だけ太いと、**全体の枝の太さにバラつきが出てしまいます**。こういう枝は、樹形が乱れるいちばんの原因になるので、**早めにハサミを入れて勢いを止める**方がいいです。優先カットでいきましょう！

ちなみに、勢いのいい太い枝は、挿し木（p128参照）で増やすことに成功しやすいので、カットしたらぜひチャレンジしてみてください。

2つ目は、**ぶつかり合う枝を切る**ことです。植物の中には、**1つの鉢に複数の株が植えられて出荷されるもの**があります。こういった株は、隣同士の伸びた枝がぶつかり合ってしまうことが多々あります。**複数株のまま育てるなら、内側の枝は優先カットの対象**です。放っておく**とどちらかの葉が競争に負けて日陰に入り、落葉**してしまいます。

とはいえ、一般に流通する観葉植物は、複数植えより単体植えの方が多いと思います。まずは1つ目に挙げた、成長の早い枝を切ることを意識して剪定してみてください。

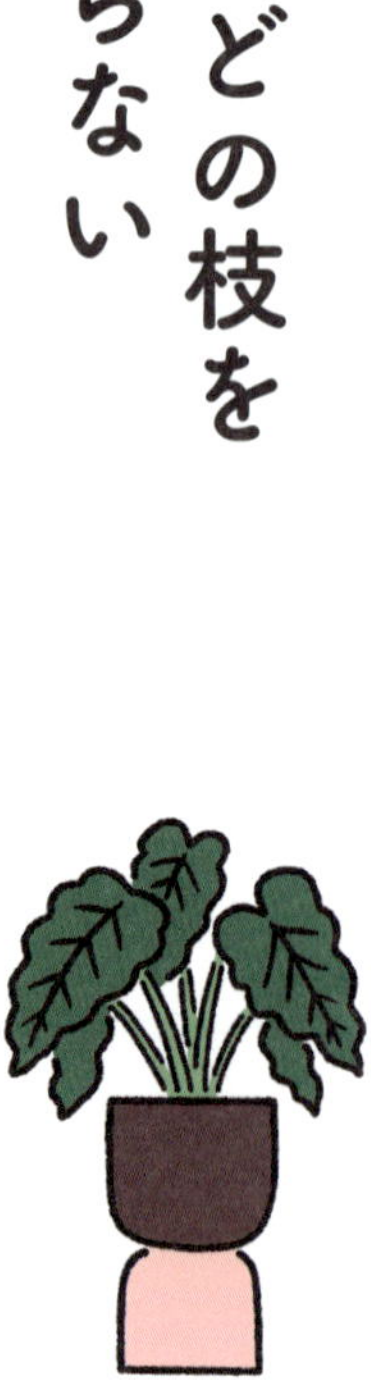

庭木はやたら切る枝が多い

庭木には、「忌み枝」という名前のついた、切るべき枝がたくさんあります。これも植物の剪定知識ではありますが、こういった知識は、観葉植物ではあまり役に立たないかもしれない…です。

切るべき枝はココだ！

3
うまく剪定して理想的な樹形に！

2
気がつくとこんなふうにバランス悪く枝が伸びています。

1
お迎えしたときはこんな感じだったのに。

内側の枝

植物が複数植わっている場合、ぶつかり合う内側の枝は切ります。

剪定のタイミング

コレが剪定のマイルール！理想の樹形に少しずつ近づけて

実を言えば、僕はどちらかというとあまり剪定しないタイプです。そんな僕が植物にハサミを入れるタイミングが、2回あります。

1回目は、**主幹が希望の高さになったとき**です。植物を育てている方のなかには、小さい株を大きく育てることが好きだという方も多いと思うのですが、僕もそうなんです。植物を大きく、バランス良く育てるには、強く太い主幹が必要になります。

そして、太い主幹を作るためには、たくさんの葉っぱが必要です。だからこそ僕は、**希望する高さになるまでは余計な剪定はせず、植物を一気にそこまで伸ばした後、主幹のトップにパツンとハサミを入れて**います。

2回目の剪定タイミングは、**形が崩れてきたとき**です。主幹にハサミを入れると、たいていの植物はわき枝を数本出すものですが、**成長するにつれて各枝の成長バランスが崩れてきます**。その場合、光がよく当たる枝が、他の枝を差し置いて成長することがほとんどです。もしそれが伸ばしたくない枝であれば、ハサミを入れて整えてください。

または、鉢をぐるりと回して、**光の当たる方向を調整してみる**のも1つの手です。ですが、一度成長スイッチが入ると、伸びる枝は切り替わりにくい印象ですので、僕は必要に応じて芽かきをすることもあります。

芽かきとは？

新芽が複数成長し始めたとき、大きくなる前にいくつかの芽を取ることを言います。観葉植物ではその機会は少ないですが、バラなどは、大きく美しい花を咲かせるための、非常に大切な作業の1つになっています。

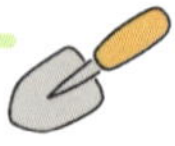

形が崩れてきたエバーフレッシュ。飛び出ているこの枝は剪定候補です。

メインの主幹の形が決まるまではしっかりと伸ばしていきます。

鉢の縁から枝が均等に飛び出すように整えていくと、形がキレイになっていきます。

目標の高さになったら、主幹のトップをカットして上への成長を止めます。

植物剪定の手順とコツ

樹木系、つる性、シダ系3種の植物を実際に剪定してみる

それでは、実際に剪定してみましょう！　今回剪定するのは、樹木系のフィカス・ベンジャミン、つる性のポトス、シダ系のアジアンタムの3種。それぞれの剪定のコツをおさえてください。

フィカス・ベンジャミンは、細くしなやかな枝がひょろっと伸びやすい植物です。別名である「シダレガジュマル」という名前を体現している樹形なんです。他の植物に比べ、ベンジャミンは**放っておくとボサボサ感が出やすいので、定期的に枝を切り戻して形を整えてあげる**必要があります。

ポトスはあまり分枝せず、主枝がひたすら伸びていくのが特徴です。伸びた枝を途中で剪定すると、変な向きの腋芽が出てきてしまい、あまりきれいな樹形にならないので、**剪定するなら株元付近まで切り戻す**のがいいと思います。株元に葉がないなら、切り取った枝を挿し木（p128参照）にして、新しい鉢で新たにモリモリのポトスを育てましょう。

アジアンタムは、葉が傷んでも落ちずに株に残り続けます。このため、乾燥しやすい時期は、傷んだ葉をそのまま置いておくことで、湿度保持に役立ちます。反対に、**湿度の高い時期や環境にお住まいの方は、早めに葉をカット**しましょう。傷んだ葉にカビがつきやすいです。

以上のコツは、樹木系、つる性、シダ系の他の植物にも共通するところがあるので、ぜひ参考にしてください！

樹液に注意

植物のなかには、カットしたときに樹液が垂れてくるものが多々あります。服や手につかないように注意しましょう。肌質によっては、かぶれてしまうこともあります。

樹木系／フィカス・ベンジャミンの剪定

1 剪定前

もともとは丸い樹形だったベンジャミン、あちらこちらからピョンピョン枝が出ています。

2 飛び出た枝をカット

丸いフォルムから飛び出ている枝をカットしていきます。

3 上向きで先端の葉を落とす

葉っぱが水平か上向きになっているところをカットしましょう。

4 下向きの芽は不要

下向きの芽は基本、カット。伸びてしまうと、このように下へと垂れ下がります。

5 剪定後

飛び出ている枝を切り終えたところ、全体にスッキリして、樹形も元通りになりました。この後はしっかりと肥料を与え、環境を整えてあげれば、カットした枝からまた複数の枝が伸びてきます。

切った枝から増やしても

切り取った枝は、挿し木にしてもOK！

つる性／ポトスの剪定

1 剪定前

よくある伸び切ったポトスです。いくつかの茎がダラーンと伸びています。

2 鉢から飛び出す寸前をカット

茎の剪定位置は、鉢から飛び出そうとしている茎の、鉢縁から1つ手前の節です。ここで切れば、ゆっくり成長する姿を長期間たのしむことができます。

3 茎は土に這わせても○

茎を切らずに、Uピンで固定しながらグルグル土に這わせると、全体のボリュームが増します。ただし、伸びた茎に葉がない場合は、支柱を使って仕立てるのも手です。

4 葉を大きく育てるには

茎を土に這わせると、気根が土に入り込み、根を張るようになります。すると、次に展開する葉が大きくなるというメリットもあります。

5 支柱で立体的に仕立てても

ラン用の柔らかい支柱を2本使い、ドーム状にすればトレリス仕立てに。

切った茎から植物を増やす

剪定して取り除いた茎は、ぜひ発根させてポトスを増やしましょう。株数が増えればさらなるボリュームアップに繋がります。

シダ系／アジアンタムの剪定

1 剪定前

アジアンタムはお迎え直後と夏場に、葉が非常に枯れやすい子です。ですが、同時に強い植物でもあるので、きれいな葉だけの株に一気に仕立て直すことも可能です。

2 株元から茎をカット

株元付近から茎をカットします。切りすぎないように注意して！　根元は3〜4㎝ほど残しておいてOK。

3 カット後は霧吹きで水を

茎をカットした後は、霧吹きで十分に株の根元を潤わせます。

4 鉢を密封する

湿度安定のために、ジッパーつきポリ袋などで密閉して新芽の展開を待ちます。このとき、袋がベタッとしないよう、息などでフーッと膨らませておきましょう。芽が伸びてきたら外に出してあげてください。霧吹きで継続的に水を与えるとなおいいですね。

新芽が出てきた！

しばらくしたら、かわいい新芽が出てきました。

剪定後のケア

枝の切りっぱなしは危険？癒合剤を塗る必要はあるか

剪定した後は、枝先に切り口が断面として残ります。この**切り口、放っておくと、植物が病気にかかってしまうことがある**んです。

通常、植物は表面を強い細胞に守られていて、外から病原体が侵入するのを防ぐことができるようになっています。ですが、株が不健康になって弱った状態のときや、細胞が切断されて内部が剥き出しになったときは、その限りではなくなります。よく「菌などの繁殖を防ぐため、剪定バサミは消毒して使いましょう」と言われるのも、これが理由です。

では、剥き出しになった切り口に、どう対処すればいいのでしょう。ここで、**切り口に塗る「癒合剤」という特殊な薬剤**の出番になります。**癒合剤には、切り口の保護・殺菌の効果があるので、剪定後に塗布することで病気のリスクを減らす**ことができます。

ですが！　**僕は今まで家の観葉植物たちに使用したことはありません**。なぜなら、**植物には自然の治癒力が備わっているから**。そして、**室内という清潔な環境下にいるため**、切りっぱなしでもほとんど病気にかかることはないからです。屋内にある植物は、雨に当たらないので切り口がすぐに乾く点も、病気予防の助けとなります。また、癒合剤には塗布すべき切断面の直径なども定められているので、細い枝の多い家庭の植物には使わないことが多いんです。

ドラセナの切り口には癒合剤が塗布済み

買ってきたドラセナには、たいてい切り口にすでに癒合剤が塗られています。切り口が大きいものほど塗らないと異常が起きやすいので、自宅で太い枝を剪定する際は、癒合剤を準備してから切りましょう。

癒合剤のあれこれ

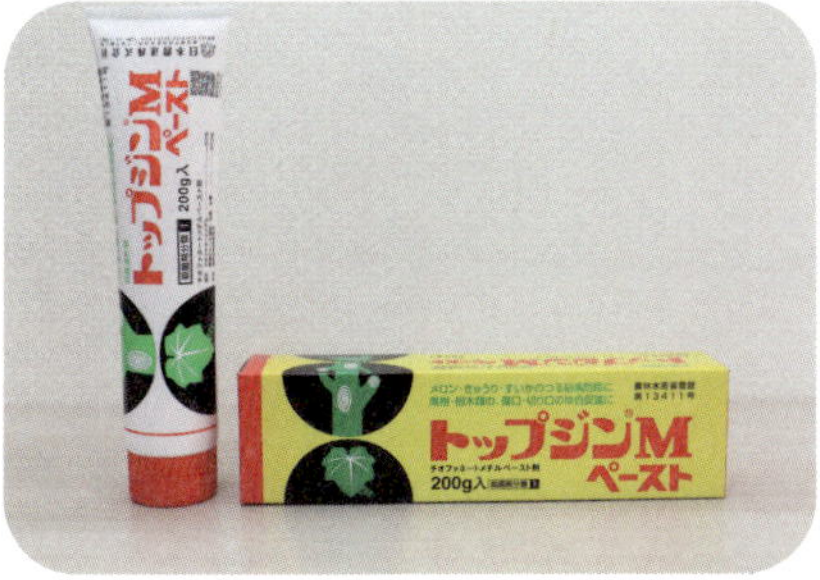

トップジンMペースト

殺菌剤が含まれていて便利だけど、植物ごとの総使用回数制限あり。他の癒合剤と比べて柔らかいので、液ダレに注意。

販売元／日本曹達株式会社

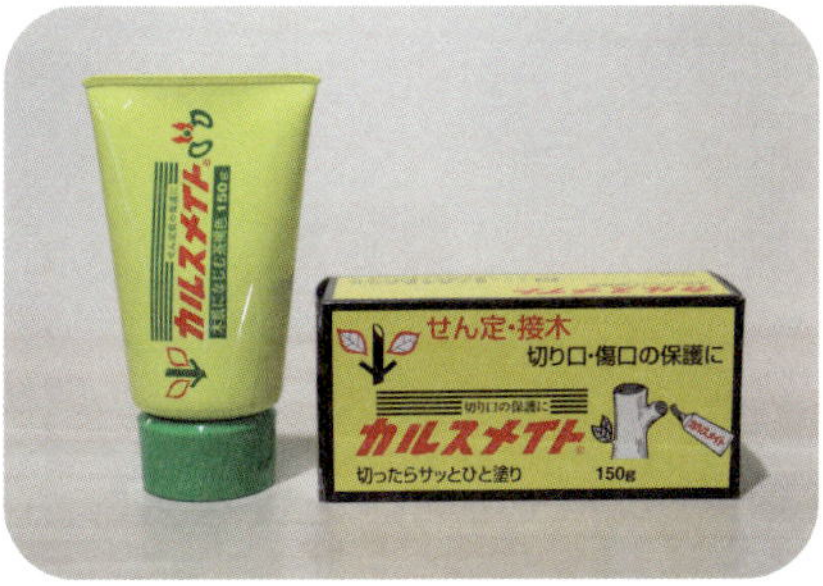

カルスメイト

木の枝の色に近いため、塗布しても観賞価値を落としにくい。
販売元／富士商事

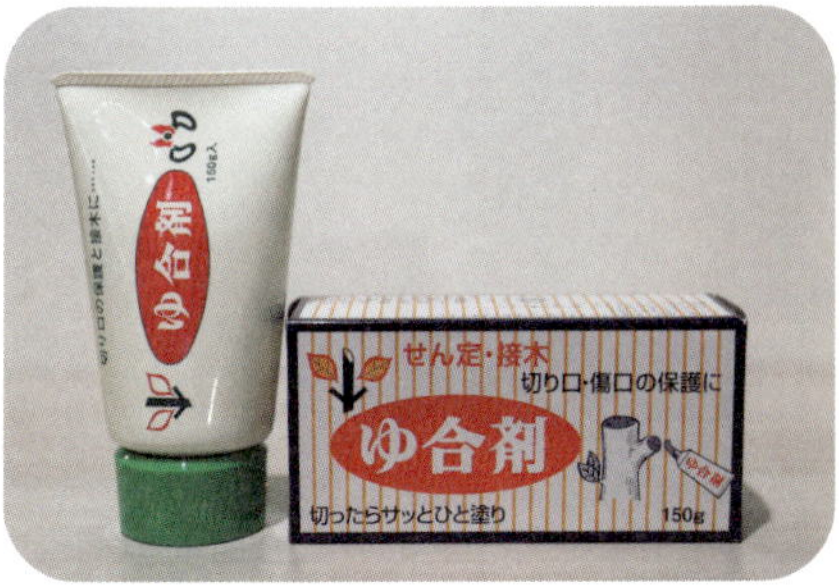

ゆ合剤

カルスメイトと同じだけど、色が青。塗り忘れ防止のために青色にしているとのこと。
販売元／富士商事

使用してみると…

各癒合剤の色味はこんな感じ。左から、トップジンMペースト、カルスメイト、ゆ合剤。カルスメイト以外は目立つ色になっています。

増やすたのしさを知ったら戻れない「挿し木」に挑戦する

植物を増やす・挿し木

植物には、見る以外に増やすというたのしみ方もあります。その代表的な方法に、「挿し木」というものがあるんです。**挿し木とは、植物から枝などを切り取って土や水に挿し、新しい根っこを出させて、それを大きく育てていく作業**のこと。言ってみれば「植物を増やす裏技」みたいなものです。

たいていの植物は種子で子孫を増やしていくわけですが、育種家の方々が交配して作り上げた園芸品種は、ちょっと勝手が違います。たとえうまく種子ができたとしても、親株と同じ遺伝情報をもつとは限らず、同じ模様や形の植物を増やすのはなかなか難しいものなんです。ところが、**挿し木という方法を使えば、親と同じ模様や形をした植物を、簡単に増やしていくことができます**。

挿し木は園芸初心者でも手軽にできる増やし方ですが、**植物のなかには法律で勝手に増やすことが禁止されているものもある**ので、注意しましょう。**自分の家で育てている分にはOKですが、増やした株を販売・譲渡してしまうとNG**になります。園芸品種は生産者の方々が努力を重ねて作ったものなので、禁止行為は行わずにたのしむようにしてください。

挿し木は、植物の成長期であればいつでも作業可能です。ただし、**初チャレンジの場合は、気温などが安定し、成功率の高い春ごろ**をおすすめします。

スーパーに売っている果物の種は…

店で売っているフルーツの種子も発根させて育てられますが、同じ甘いフルーツができるとは限りません。むしろ、できないものと思ってたのしむ方が良いです。あくまで観賞用とわり切りましょう。

挿し木の手順とコツ

1 元気な挿し穂を選ぶ

新芽付近の枝を選んでカットします。新芽が展開し切ったころを見計らって。これを挿し穂に。

2 切り口を処理する

槍のように尖らせておくのがおすすめです。

3 根元を水に浸す

挿し穂をメネデールを混ぜた水に浸します。30分〜1時間ほど置いて、しっかり水を吸わせましょう。

4 土の準備

肥料成分の入っていない土を用意しましょう。これを小さめの鉢にセット。

5 土に穴をあける

準備していた土を水で湿らせてから、割り箸やピンセットなどで下穴をあけます。

6 挿し穂を土に挿す

切断面が潰れないよう、慎重に枝の根元を下穴に入れていきます。最後は水をかけて土の隙間を埋めてください。

Point

葉が大きい植物を挿し木にする場合は、葉をカットして面積を小さくしておきましょう。

植物のスーパーな特性を活かすいちばん簡単な増やし方「水挿し」

水挿しは植物を増やす方法の1種ですが、**非常に簡単で、道具もほぼ不要**です。というのも、植物から**元気な芽のついた枝を切り取り、その枝の根元をただ水の中に入れておくだけ**だからです。これだけで、植物は根っこを出すことができます。

植物は、今の今まで枝として生きていた細胞を変化させ、根を出すことのできる細胞に作り変える、という驚くべき「進化」を平気でやってのけてしまいます。自然界でも、枝が台風などで折れたのに、運良く発根して成長している子たちがきっといるはずです。

そんな植物のスーパーな特性を活かした水挿しですが、成功率をあげる大事なポイントがあります。まずは、**切れ味の良い刃物で枝を切って、園芸資材のゼオライトを入れた水道水の中に浸す**こと。そして、**水に浸けた枝はなるべく動かさず安静にし、水が減ったら足してあげる**ことです。この工程とポイントを守るだけで、ぐんと成功率が高まるので、ぜひチャレンジしてみてください。

水挿しが失敗に終わるいちばんの原因は、切り口の腐敗です。植物の体内はストローのような形状になっていて、水が根から引き上がって葉から出ていくようにできています。ですから、切り口が腐敗して、水が取り込めないのは大問題。**切り口をキレイに、吸ってもらう水もキレイに**しておくのが大切なんです。

メネデールも使える！

水挿しのとき、切り口を浸す水の中に入れるのは、鉱物のゼオライトではなく、活力剤のメネデールでもOKです。メネデールには切り口の保護を促す作用があるので、発根を助けてくれます。

水挿しの手順とコツ

1 挿し穂を作る

先端を除いた２節目以降の下をカットします。ただし、切れ味の良いハサミを使って。

2 1節で増やせる植物も

ポトスやフィロデンドロンなどは最小1節から増やすことが可能です。

3 根元を水に浸す

コップに水と水質改善のためのゼオライトを入れ、挿し穂の根元を水に浸して、温度湿度の安定したところに置きます。

4 水位が下がったら水を足す

だんだんとコップの水位が下がってくるので、枝は動かさず、そのまま水を足してください。すぐに根が伸びてきます。

難しそうだけど案外イケる！気根のある植物は「取り木」にトライ

植物を増やす方法のなかに、「取り木」というあまり聞き慣れないものがあります。実はこの**取り木、めっちゃ優れた手法**なんです。

挿し木との違いは、枝を切り取ってから発根させるのではなく、**発根させてから枝を切り取る**点です。**挿し木より成功率が高いことに加え、挿し木した株より成長が早い**傾向にあるのもうれしいポイントと言えます。

とはいえ、挿し木よりも難易度は高いため、「絶対おすすめ！」とは言い切れないところもあります。通常、**取り木は、ナイフなどで樹木の表皮をぐるっと1周、2〜3㎝幅にはいで、はいだところを湿らせた水ゴケとラップなどで包み、発根を促します**が、これにはなかなかのテクニックが必要です。

ですが、モンステラやポトス、フィロデンドロンなどの**気根が活発に伸びる植物なら、表皮をはぐ必要がなく、ただ気根を水ゴケとラップなどで包むだけで、根を育てることができます**。そのため、大きなモンステラの鉢サイズを小さくしたいときなどは、この取り木という方法がきっと役に立つはずです。

デメリットとしては、発根待ちの2か月くらいは、見た目がダサいことでしょうか。でも、取り木をするような植物好きさんなら、きっとラップの中に根が回ってくる様子がたのしすぎて、見た目のことなんて気にならないはず！

土の上でも取り木はできる

気根が出るような植物の節を、土に触れるような状態に曲げ、Uピンなどでそのまま固定しておくと、それだけで発根します。気根は、隙あらば根づいてやろうとして必死なのです。

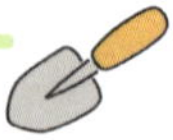

取り木の手順とコツ

1 支柱を立てる

モンステラなどの先端付近に園芸用の支柱を立て、麻ひもなどで留めて茎を固定します。

2 水ゴケとラップ等で気根を包む

水ゴケで気根を包み、乾燥しないように上からラップやジッパーつきポリ袋を巻いて保湿します。今回はジッパーつきポリ袋とセロハンテープで留めました。

3 水ゴケの乾燥を防ぐ

乾燥が強いときは、水ゴケが乾かないように、じょうろなどで水を足してください。

4 根の下で切る

そのうち根が伸びてきたら、茎を気根の下で親株から切り離し、取り木完了です。切り取った方は新しい鉢に移しましょう！

肉厚な葉をもつ植物なら葉から発根させる「葉挿し」も◎

挿し木も取り木も枝から発根させて増やす方法ですが、**葉っぱを発根させて増やせる植物もいる**んです。**サンセベリアや多肉植物など**が、この「葉挿し」グループに入ります。

主に、**肉厚で水分をたっぷり蓄えた葉をもつ植物が葉挿しに向いている**んですが、その生命力はすさまじいものがあります。とくに多肉植物などは、ポロッとこぼれ落ちた葉を放置していたら、勝手に発根して成長していくほどです。それだけ葉の1枚1枚にエネルギーが詰まっているということです。

葉から根っこを出させるときは、水に入れるか、土に挿すかの2択になりますが、その前に注意したい点があります。

肉厚な葉は、肉厚であるがゆえに腐りやすい、という弱点があるということです。植物の切断面は、人間の傷口と同じなので、かさぶたのように覆うものがないと、そこから細菌やウイルスが入ってきてしまいます。それを防ぐには、**葉を土や水に触れさせる前に、切り口を乾燥させてあげる**必要があります。

この手順を踏むだけで、葉挿しの成功率をかなり高めることができます。葉を取ってから**半日ほど間を置けば大丈夫**かな、と思いますが、湿度の影響も受けるので、1日経ったら切り口の乾燥具合を確認してみてください。**乾燥させたら、土に挿すことをおすすめ**します。水よりも楽に管理できるからです。

パキラも葉挿しできる?

パキラも茎がない状態で発根することがあります。ですが、成長点がないため、発根するだけでいつまで経っても成長が見られず、枯れていきます。ながーく管理すれば茎が形成されるのかは、今のところ不明です。

葉挿しの手順とコツ

1 挿し穂を作る

樹木とは異なり、多肉植物は下の方についている古い葉が活用できます。なるべく葉の成長点を含んだ根元から取って。

2 切り口を乾かす

どの子も葉を横にひねると簡単に取れます。取った後は半日〜1日ほど切り口を乾燥させます。

3 根元を土に挿し込む

親株についていたときと同じ向きに土に挿して、様子を見ていると、小さな子株が出てきます。

4 親株と子株をカット

親株と子株が繋がっている様子です。地下茎の真ん中でカットしてあげれば、さらに増やせます。

column
3

僕にもあります苦手な植物…

かれこれ250〜270種類の植物と暮らしている僕なのですが、お迎えしては枯れていく子たちがいます。それがグリーンネックレスです。グリーンネックレスとは、グリンピースに糸をつけたような見た目の多肉植物なのですが、緑一色の子もいれば、きれいな斑入りの子、ドルフィンネックレスというイルカのような形をした子までいます。

このように、とってもかわいい植物なのですが、育てるのはまぁまぁ難しいです。ホントに…毎回、もれなく、干しブドウのようにシワシワになって枯れてしまいます。高温多湿の環境が苦手な多肉植物なので、ジャングルにいそうな植物が多いわが家には、そもそも向いていないのかもしれません。ホントに苦手です。だいたい8月になると、とろけて枯れていってしまうんです。

かわいいぷちぷちのグリーンネックレス。

溶けた多肉植物'令和の桃太郎'。

CHAPTER

4

コレやってみて！ お悩み解決法

観葉植物に寄ってくる困った虫たちへの対処法はコレ

観葉植物によくつく虫、というものがあるんです。室内管理をしている株にも発生する虫と、外に出すとつきやすい虫の2種類に分かれます。

外に出すとつきやすい虫には、アブラムシ、カイガラムシの他に、ヨトウムシなどの蛾の幼虫がいます。ヨトウムシ以外は樹液を吸う吸汁性の虫で、ヨトウムシは葉を食い散らかす虫です。アブラムシは新芽付近で、カイガラムシは幹全体で、ヨトウムシは食べかけの葉とその周囲に散らばるフンによって、気づいたり発見したりすることが多いと思います。**これらの虫は個体数が多いので、「オルトランDX」（p141参照）などの浸透移行性の薬剤＊を散布するか、「ベニカナチュラルスプレー」を吹きかけるのがおすすめ**です。後者に含まれる「B.t.菌」は、散布後2週間ほどの間、イモ虫のみですがブロックしてくれます。

室内管理の株では、僕も**ハダニ**だけは防ぐことができず、発生時期になると毎回湧いてきます。**繁殖力と薬剤抵抗力が高いダニのため、「殺ダニ剤＋気門封鎖系（p141参照）」で対処する**のがベターです。**予防法は、葉水でダニを吹き飛ばし、繁殖を防ぐ**のが一般的ですが、株数が多いと大変な作業になります。とくに**アロカシアとカラテアは非常にハダニがつきやすい**ので、注意してください。

＊浸透移行性の薬剤…虫に効く成分を植物に吸収させておき、害虫が樹液を吸うと殺虫成分が体内に入って効果を発揮する薬剤。

トビムシも室内に潜んでいるけど…

水やりをすると動き出すトビムシ。自然界では益虫に分類されていて、土の中で植物とうまく共存してくれています。室内園芸では植え替えで土も更新していくので、駆除してもしなくてもOK。

観葉植物でよく見かける虫たち

カイガラムシ

カイガラムシといえばコレ。この他に茶色い種もいます。葉が変にベタついてテカテカする場合などは、その葉っぱよりも上の枝を隅々までチェック。

アブラムシ 有翅型

1つの株にびっしりアブラムシがつくと出現する有翅型のアブラムシ。早めに駆除しましょう。

アブラムシ 無翅型

最もよく見かけるおなじみの虫です。すさまじい早さで繁殖します。夏野菜シーズンは自宅への侵入に最大警戒を。

トビムシ

土より上には出てこない虫ですが、水やりするたびにワサワサ現われるので苦手な方も多いようです。自然界では分解者という立場ですが、駆除するなら、殺虫剤を土にスプレーしてください。

ハダニ

植物を外に出さないわが家でも、毎年被害にあいます。とくに気温30℃を超えると大繁殖。予防策が難しく、霧吹きによる葉水で吹き飛ばし続けるか、一度農薬で駆除するかになります。

殺虫剤の選び方

害虫が出たらこの薬剤！殺虫剤セレクトマップ

植物につく虫を発見したら、どの殺虫剤を使えばいいのかを、マップにしてみました。**成分などの特徴に合わせ、マップに沿って薬剤を選んでいけばいい**のですが、注意点があります！

それは、**同じ薬剤の継続使用はできない**、という点です。**殺虫剤は、植物や人、環境への影響と、虫への抵抗性の観点から、一定の期間内に散布できる回数が決められています**。とくに野菜などは、人の口に入るものなので、ここは注意を払うべき大事なポイントになります。**人が食べることのない観葉植物も、虫への抵抗性という面から、使用方法は守らなければなりません**。世代交代の早い虫たちは、殺虫成分に耐えられる個体が生まれやすい、という特徴があります。**むやみに薬剤を使うと、その薬剤に抵抗性のある虫がどんどん生まれてしまうんです**。

殺虫剤が効かないときは「ベニカナチュラルスプレー」のような**気門を塞ぐタイプの資材に切り替えて**みましょう。「気門」とは、昆虫など気管で呼吸する節足動物の、呼吸のための穴のこと。前述の資材は、虫に吹きかけると気門に水飴や油のような成分でフタをし、害虫を窒息させる作用があります。**こうした薬剤はナチュラルな成分であることが多く、人にも環境にもやさしい**ですし、**使用回数にも制限がない**のでおすすめです。

薬剤が効かないときは

有機リン系という安価で昔からある薬剤は、ときどき効かない、という声を耳にします。もしかしたら、すでに抵抗性をもつ害虫が発生しているかもしれませんので、気門を塞ぐタイプの資材を使用してみましょう。

マップで見る用途別殺虫剤！

広い

**ベニカ
ナチュラルスプレー**

メインで使用！

わが家のメイン殺虫剤。ナチュラル成分でハダニも駆除できるのに加え、B.t.菌なるものが配合されており、屋外で被害にあいやすいイモ虫を2週間ブロックできる。

メインで使用！

オルトランDX

浸透移行性の薬剤。殺虫成分が根から入って葉や茎に広がり、食害してくる害虫を駆除できる。

**ベニカX
ネクストスプレー**

水あめ成分と殺虫成分を含み、ハダニから大型の幼虫までを駆除対象に。どちらかといえば室外園芸向けの製品。

天然由来成分の殺虫剤

**アースガーデン
ロハピ**

コスパがいいので、ハダニ用として持っていると便利。

広範囲の虫に有効

**アースガーデン
花いとし**

わが家のメイン殺虫剤の1つ。とくにハダニに対して有効な、ミルベメクチンが含まれているのがありがたい。

メインで使用！

駆除対象の範囲

ピュアベニカ

**アースガーデン
やさお酢**

天然成分100％の特定防除資材

安全性の高い「特定防除資材」として親しまれるお酢を使った虫除け。室内で使用するとお酢のニオイを強く感じるので、屋外使用がおすすめ。

**コバエアース
1プッシュ式スプレー**

2週間に1回の散布を続けると、コバエの飛来が激減する。水槽の魚や昆虫がお家にいる方は使用不可。

特定の虫に有効

**バロック
フロアブル**

対ハダニ用に用意。あまりに数が多いときなどは、薬剤を溶かしたプールに植物ごと沈める。

狭い

少ない　化学成分　多い

殺虫剤を上手に使いこなすためのマイルール

殺虫剤を散布するとき、葉の表面になんとなく薬剤スプレーをシュシュッとするだけで終わる方が多いと思います。でも、そういう散布の仕方をした植物ほど、繰り返し害虫が発生してしまうものです。とくに、**厄介な虫ほど葉の裏や奥まったところに隠れているので、薬剤の散布には工夫が必要**です。

まず散布時期についてですが、**害虫が発生し始めた初期がベスト**です。虫がいるな、と気づいたときにはすでに大増殖した後ですので、**冬の終わりから秋までは、植物の定期的な全身チェック**をしましょう。害虫は一度繁殖してしまうと駆除が困難になるので、**早期発見・早期対応が非常に大切**です。

散布方法については、鉢土がこぼれないよう紙とラップで押さえ込んでから、**鉢を横に倒して、葉の表裏がびしょびしょになるまでスプレーを吹きかける方法がおすすめ**です。このとき、底面給水トレーやビニールシートのようなものを敷いて、床を保護しておくと安心です。

噴霧器でも持っていない限り、直立したままの植物に均等に薬剤をかけるのは難しいので、寝かせて散布するのが楽かなと僕は思っています。**葉がひどく密集している植物などは、希釈タイプの薬剤をバケツなどに用意して、植物全体をがばっと丸ごと浸す**のもありです！

散布方法もひと工夫！

虫に狙われやすい子がいる

ピーマンにはアブラムシが好んでついたり、カラテアにはよくハダニがいたりするものです。同じカラテアでもオルビフォリア系は虫がつかず、フュージョン系にはつきやすい。虫も選んで葉を食べてます。

殺虫剤のおすすめ散布方法

1 土がこぼれないようにする

土の上に紙を詰めて土と鉢の段差をなくし、ラップで覆います。ラップが外れてしまうときは上からテープで留めましょう。

2 鉢を横に倒す

床にトレーを置いたりビニールシートを敷いたりして、その上に植物を寝かせます。

3 葉に薬剤を散布する

葉がびしょびしょになるまで表裏に薬剤を散布します。

4 株元に薬剤を散布する

葉が乾いてきたら鉢を起こし、最後に株元にも薬剤を散布して終了です。

お悩み 1

Q 葉に斑点が出てきました…

A 水切れしませんでしたか？

植物の**葉っぱにやたら斑点が出てきたときは、水切れさせなかったかを確認**してください。植物は**水切れをきっかけに調子を崩すことが多く、**こういった斑点もよく見られます。

ただし、**「水切れ＝斑点」ではありません。植物が調子を崩したことによって体に異変が起きた、**と捉えてください。どんな異変が起きたかは、顕微鏡などの専門機材による観察が必要ですが、**多くの場合は糸状菌による褐斑（かっぱん）病という病気**です。

本来、植物は菌の侵入を防ぐ防御層をもっているのですが、調子を崩したために菌の侵入を許してしまったわけです。となれば、調子を崩してしまったところに原因を求める必要があります。**水切れにはご注意**ください。

理由はわかりませんが、フィロデンドロンは斑点が出やすいと感じる子たちです。

お悩み 2

Q 落葉がひどくて困っています

A 光量を増やしてください！

1年に1回は遭遇する**落葉は、光合成不足によることが多い**です。葉っぱは光合成以外に呼吸もしているので、そこそこのエネルギーを消費します。この**呼吸による基礎代謝と、光合成によるエネルギー獲得量が釣り合わなくなってくると、植物は葉を落とす**ようにできているんです。

その象徴が落葉樹に起こる紅葉です。落葉樹は日が短くなり、寒くなってくると冬支度のために葉を落としますよね。あれと同じことが観葉植物にも起こります。ですから、**落葉が見られたときは、以前よりも光量が減っていると判断**してください。ちなみに、落ちた葉は虫や微生物のエサになり、その微生物たちが土を育て、植物がその養分を吸う。自然はそんなすてきなサイクルを描いています。

冬場は育成ライトを使って光量を補ってあげると、1年中キレイな株のままでいられます。

お悩み
3

Q 茎や葉がほっそいし小さいです

A 光量を増やすか、刺激から遠ざけてみて

以前よりも**葉や茎が細くなったり、小さくなったりしたときは、光量が足りなくて満足に光合成ができなくなり、茎などを太くするための栄養が不足**していると考えてください。とくにサボテンは、光が足りないと顕著に細くなってしまいます。常に「植物の新芽は今浴びている光から作られるんだ」と考えましょう！

また、光の量が以前と変わっていなくても、**強風にさらされたり、刺激が加わり続けたりすると、同じような症状**が見られることがあります。この場合は、**茎よりも葉の矮化や奇形が強く出る**ようです。とくに冬季、**暖房の前に植物を置いておくと、新芽は小さく縮れたようになってしまう**ので、気をつけてください。

細くなったサボテン。光を強くするとまた太くなります。細くなったところは細いままですが…。

お悩み
4

Q 葉先が枯れてきました

A 根っこの乾燥に注意してください

植物の根っこは、その場所の湿度に耐えられるように、コンディション調整をして伸びてくることがほとんどです。ですから、**湿潤な環境では乾燥に弱い根っこが、乾燥した環境では乾燥に強い根っこが伸びます**。

例えば、底面吸水鉢で育った株に対して、土が乾くまでは水を与えないなど、給水の間隔をあけてしまうと、**水分が足りずに根が傷みやすくなり、連動して葉も傷んできます**。他にも、鉢が根で埋め尽くされると、土の量が減るため保水力が落ち、乾燥状態が多発して根も葉も傷んでしまいます。

こういう場合、**何回か葉先が枯れるような環境に置いておけば、次第に乾燥に慣れた根になっていく**はずです。しばらく時間はかかりますが、やがては傷みにくい株に近づきます。

根がこの状態では、丈夫なヤシも葉先が枯れやすくなります。

お悩み 5

Q 葉が溶けてきました〜

A 夏の高温が原因。室温を下げるか風通しを！

肉 **厚な葉をもつ植物ほど、こういった症状にみまわれやすいです。**

肉厚な葉の植物たちは、乾燥する環境でも困らないよう、体内に水分をたっぷり蓄える力を手にしました。一方で、湿潤環境に置かれると、どうしていいかわからなくなることがよくあります。天気予報で寒いとか言ってたから厚着したけど、部屋の中は暖房でめっちゃ暑いじゃん！みたいな感じでしょうか。

植物も人間も慣れない環境はキツイものです。だいたい、**植物たちにとって、昼も夜も30℃を超え続ける環境はよろしくない**のです。とくに、**光合成できない夜の高温は致命傷になるほど危険**です。**夏は室温を30℃以下に下げるか、風通しを十分に確保**してあげましょう。

暑さで溶けた植物。近年の夏の高温に耐えるのはなかなか難しい。

お悩み 6

Q 子どもが遊んでいて枝を折ってしまいました！

A 大丈夫。すぐに水挿しの準備を

僕にいただいた相談のなかに「子どもがボールをぶつけて、植物の枝が折れてしまった」というのがありました。僕ももちろん気をつけていますが、折れるときは折れます。

完全に折れて枝が取れた場合は、折れた枝を水に入れて管理し、水挿し（p130参照）にしましょう。**枝の半分ほどが繋がったままなら、テープで固定しておくとくっついたりします。**どちらも早めの対処が求められますが、**植物本体は枝が折れただけで枯れることはほぼありません**ので、冷静に折れた枝の行く末を決めましょう。

とはいえ、大事に育てた植物の枝が折れるのは、植物好きさんにとって大ダメージですから、対策も必須。わが家では、**子どもが出入りするところには、最低限の植物だけを置く**ようにしました。

枝が折れたブラキキトン。癒合剤も塗っていませんが元気です。

お悩み 7

Q なんとなく元気がなさそう。どうすればいい？

A 季節に応じてコレやってみて！

「なんとなく元気がない」って抽象的な表現ですが、実際植物を目の前にすると、元気がないと表現するしかない状態のことがよくありますよね。いまいち原因がわからないときは、季節に応じた対策をしてみてください。

夏だったら、水切れが続いているか、暑すぎて光合成ができていないことが多いです。この場合は**涼しい部屋に移動させ、活力剤を混ぜた水をたっぷり与える**といいでしょう。

冬なら、低温や乾燥が影響しているはずなので、加温して湿潤な環境にしてあげることが大切です。植物は、温度が1ケタ台になったり、反対に35℃を超えたりするような、**極端な環境が苦手**です。夏も冬も、適温適湿を心がけながら管理するのがいいと思います。

暑すぎる夏場にダメージを受けた株。

お悩み 8

Q 植物を早く大きくしたい

A 光と水を与え続けることです！

植物を早く大きくしたいときは、**とにかく強い光と大量の水を与え続けて**ください。光は植物がエネルギーを作るための最重要素材です。**光の量が十分かどうかは、次に出る新芽が以前のものより大きく、よく成長するかで判断**しましょう。加えて、**土に肥料が十分含まれている**ということも、植物を大きくするための必須事項です。**水をたくさん与え続けることも大切**です。1年間に植物に与えられる水の量は、簡単に計算できます。毎回適切な量の水を与えたとしても、週に一度の水やりでは、年間52回しか水を与えることができません。土が半日で乾く環境にあったら、植物は毎日、つまり年間365回も水を吸うことになるのに、です。湿潤と乾燥のサイクルが早いほど、根の生育も早まり、植物は大きく育ちます。

とはいえ適正環境を作るのは難しいので、有機質の土に植えて、春から秋まで屋外管理をすることが、今のところ「成長の早い植物育成方法」となります。

こちらは屋外管理した上の写真の植物の、7か月後の姿です。

お悩み

9

Q 大きい鉢の水やりってどうしてますか？

A 必要な水の量を確認して鉢を動かさない

大型観葉植物の移動は人間の腰にもダメージがあるので、極力動かさない水やり方法にすると、植物にも人間にもやさしいです。

まず、鉢皿から水が溢れず、十分な給水ができるよう、あらかじめ「この植物には**何ℓ水を注げば鉢裏から水が出てくるか**」を確認しておきましょう。**無機質の土の場合、10号くらいの鉢なら2ℓほど注げば鉢裏から水が出てきます**。鉢の素材による差もあるので、**目盛りつきのじょうろで注いだ水の量を量れば、その植物が求める必要量ピッタリの水を与える**こともできますよ。

鉢皿に少し水が残っても、半日程度で吸収されることが多いので、僕はそのまま放っておきます。あまりに水が溜まるときは、スポンジなどで吸わせて排水の手助けをしてあげてください。

無機質の土を使用した場合、左の鉢だと約２ℓ、右の鉢だと約1ℓの水を与えれば、鉢裏から水が出てきます。

お悩み
10

Q 支柱って立てた方がいいのか悩みます

A 極力立てない方がいいです！

つる性の観葉植物で、他の植物などに寄りかかるタイプであれば仕方ないのですが、**樹木系の植物に支柱は控えましょう**。そもそも樹木には自分で立つ力があるわけなので、放っておいて大丈夫です！

ただし、暗い部屋で無風の環境にいると、ひょろひょろと徒長してしまうことがあります。こうなると自立が難しいことも。植物は**風に揺さぶられることで幹を強くしていくので、風通しのいい環境で育ててて**あげてください。

植物は、**1回でも支柱を使って上に伸ばすと、もう支柱なしでは立ち上がれなくなってしまいます**。でも、大丈夫。頂芽優勢という仕組みのおかげで、**新芽が垂れ下がってきても、新しい芽がまた上を目指そうと伸びてくる**はずです。

枝がぐにょーんと曲がると、その曲がったところの頂点に動きが出て、また上を目指そうとします。

お悩み 11

Q お迎えした植物がすぐ枯れてしまうのですが…

A 新しい環境に慣れるまで待ってみて

売場ではきれいだった植物が、家に置いたらボロボロになってきた…。こういうことは結構な頻度で発生します。というのも、植物は葉を出すとき、周囲の湿度や光量を、めっちゃ計算してから展開するためです。

ざっくり言うと、**光が多く、湿度が高いところでは大きな葉を出します**。でも、**生産地と、販売店と、購入者の家とでは、周りの環境が大きく違ってきます。植物はその差を受け入れることができず、ボロボロ**になってしまうんです。

とくに、**高湿度好きのアジアンタムやカラテアは、傷みやすい植物の代表格**です。波が一巡し、自宅の環境下で作られた葉が増えれば、どんどん傷みにくくなります。何かしてあげたいなら、**リキダスなどで栄養を補給して**あげてください。

お迎えしたばかりで枯れた植物。早くわが家になじんでもらえるようにお世話してあげましょう！

お悩み 12

Q おつとめ品コーナーの植物って復活は難しい？

A 実は結構カンタンです

どの園芸店にも値引きコーナーがあり、傷んだ植物が安く販売されています。**売場で傷む原因の8割ぐらいは水やりの不足。**なので、**活力剤入りの水をあげればたいてい復活**します。

注意すべきは、幹にシワがある株です。乾燥しすぎて**根が強く傷んでいる場合が多いので、購入しても助かる見込みは低い**です。**元気な葉が1枚でもあれば、ほぼ確実に復活**するので、お目当ての子がいたら、ぜひ家にお迎えしてあげて！

ちなみに、値引きコーナーに置かれやすいのがコチョウラン。贈答用としての需要が多いため、開花しすぎはNGなんです。開花状況に応じた値引き基準が設定されている店も多いので、けっこうお得です。花の咲く植物ですから、お迎えすると部屋の雰囲気がぐっと良くなりますよ。

こんなに元気な株でも、開花が進んだため、割引対象に。

おわりに

本書を最後までお読みいただき、ありがとうございました！

今回の『世界一たのしい観葉植物教室2』は、1作目では書ききれなかった、植え替えや剪定などをしっかり深掘りした内容にしてみました。

これらは、インスタグラムで問い合わせの多い作業でもあります。

とくに、植え替えは植物を枯らすリスクが高まる作業なので、ぜひ本書を活用してみてください！


植物は人から人への贈り物として選ばれることも多く、そこには想いが込められています。

この想いっていうのは、実は植物の成長とともに大きくなっていくんです。

子どもが生まれたときに、新築祝いにと、何かの始まりの記念となった植物。

そんな植物たちを長く元気に育てるために、この本が役に立つことを願っております！

僕はインスタグラム投稿のほとんどが動画なので、文字を中心に何かを伝えるということをあまりしてきませんでした。

「本を書く」というのは新たな挑戦であり、本当に不安でいっぱいでした。

インスタグラムなら、伝え切れなかったことは質問コメントという形で僕に届き、届いたコメントには返事をすることができます。

本ではそれができないので、1ページ1ページ大切に書かせていただきました。

どうかみなさまに、僕の想いも伝わりますように!


最後にもう1つ。

僕がこの2冊目の本を書く機会をいただけたのは、1冊目を読んでくださった読者のみなさまがいて、日々植物を生産してくださる方がいて、植物をお店まで届けてくれる方がいて、植物を販売している園芸店があり、僕が本を書いてる間も、子どもたちの身の回りのことや家のことをしてくれた妻がいたからです。

この場を借りてお礼を言わせていただきます。

本当にありがとうございました!

そして、これからもよろしくお願いします!!

くりと

観葉植物名INDEX

「CHAPTER2　観葉植物のトリセツ」で紹介されているページは太字になっています。

あ

か

さ

た

な

POTTING
SOIL

くりと
くわしすぎる園芸店員。
インスタグラムで観葉植物の育て方や、お悩みを初心者にもわかりやすく解説。たった1年間でフォロワーが10万人を超える。植物の性格や性質を独自の目線で、たのしく伝える投稿も話題となる。植物以外には料理が好きで、マフィン作りが得意な2児の父。初の著書『知りたかったがつまってる! 世界一たのしい観葉植物教室』（小社刊）がロングヒット中。
Instagram@kuritojp

知《し》れば知《し》るほど好《す》きになる！
世界一《せかいいち》たのしい観葉植物教室《かんようしょくぶつきょうしつ》2

2025年3月4日　初版発行

著者／くりと

発行者／山下 直久

発行／株式会社KADOKAWA
〒102-8177　東京都千代田区富士見2-13-3
電話　0570-002-301(ナビダイヤル)

印刷所／TOPPANクロレ株式会社

製本所／TOPPANクロレ株式会社

●お問い合わせ
https://www.kadokawa.co.jp/（「お問い合わせ」へお進みください）
※内容によっては、お答えできない場合があります。
※サポートは日本国内のみとさせていただきます。
※Japanese text only

定価はカバーに表示してあります。

ISBN 978-4-04-607393-8　C0077